SketchUp Pro 2013
paso a paso
en español

João Gaspar

1ª Edición
GetPro Books

São Paulo
2014

SketchUp Pro 2013 paso a paso en español
Gaspar, João
ISBN 978-85-61453-23-7

Edita: TI Lab GetPro Books LTDA EPP
av. Faria Lima, 1478 - cj. 1214
01451-001 San Pablo - SP - Brasil

SketchUp Pro 2013
paso a paso
en español

João Gaspar

http://www.librosketchup.com
libro@librosketchup.com
Fone (55 11) 3814 8145

SketchUp Pro 2013 paso a paso - en español

texto y coordinación
João Gaspar

tapa
Alexandre Villares
Leonardo Reitano

diagramación
Camila Ghendov
Lia Takata

revisión original
Ricardo Jensen

traducción y revisión en español
Adriana Lessa
Isabel Maria del Vecchio

João Gaspar

colaboración
Bruno Cunha
Diego Quattrone
Erick Costa
Fábio Tutibachi
Fernando Setoguchi
Jade Chemin
Mariana Suzuki
Natália Lorenzo
Marco Braga
Carolina Scatolini
Julio Britto
Vitor Nagoya

Introducción

Creado para proporcionar una experiencia cercana al diseño hecho a mano y al modelado con objetos reales, el **SketchUp** viene conquistando año tras año una legión de usuarios fieles.

El **SketchUp** se destaca por la rapidez y facilidad para crear objetos y estudios volumétricos. La calidad de la presentación, bastante original, que escapa de modelos usados normalmente, y la capacidad de intercambiar datos entre varios programas del segmento CAD también son diferenciales importantes.

El programa también trae otras innovaciones, como la integración con **Google Earth** y la disponibilidad de varias bibliotecas gratuitamente, por el sitio **Galería 3D**.

El libro **SketchUp Pro 2013 paso a paso en español** tiene por objeto brindar un aprendizaje de alta calidad. Todos los procedimientos descritos están ilustrados, y al final de cada capítulo hay un resumen de los principales temas abordados y ejercicios que puede descargar del sitio *http://www.librosketchup.com*. En el sitio también hay un foro para debatir sobre el libro y el programa, que cuenta con la participación del autor.

cómo usar este libro

Los capítulos de este libro se estructuraron para proporcionar un aprendizaje de alta calidad. Creemos que podrá encontrar rápidamente todas las informaciones que necesita, tanto en una primera lectura como en una consulta posterior. Para facilitar la comprensión de su estructura, siga las descripciones a continuación.

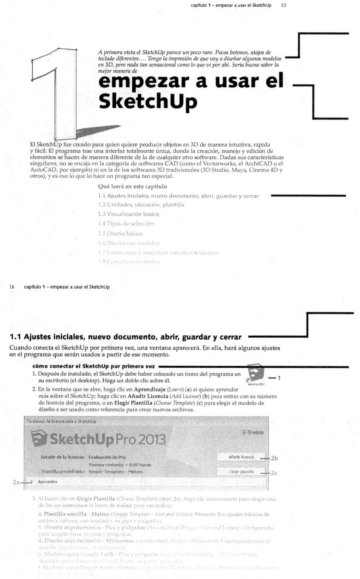

A primera vista el SketchUp parece un poco raro. Pocos botones, atajos de teclado diferentes…. Tengo la impresión de que voy a diseñar algunos modelos en 3D, pero nada tan sensacional como lo que vi por ahí. Sería bueno saber la mejor manera de

empezar a usar el SketchUp

El SketchUp fue creado para quien quiere producir objetos en 3D de manera intuitiva, rápida y fácil. El programa trae una interfaz totalmente única, donde la creación, manejo y edición de elementos se hacen de manera diferente de la de cualquier otro software. Dadas sus características singulares, no se encaja en la categoría de softwares CAD (como el Vectorworks, el ArchiCAD o el AutoCAD, por ejemplo) ni en la de los softwares 3D tradicionales (3D Studio, Maya, Cinema 4D y otros), y es eso lo que lo hace un programa tan especial.

Qué leerá en este capítulo

1.1 Ajustes iniciales, nuevo documento, abrir, guardar y cerrar
1.2 Unidades, ubicación, plantilla
1.3 Visualización básica
1.4 Tipos de selección
1.5 Diseño básico
1.6 Diseño con medidas
1.7 Cómo crear y modificar volúmenes básicos
1.8 Cómo borrar objetos

1.1 Ajustes iniciales, nuevo documento, abrir, guardar y cerrar

Cuando conecta el SketchUp por primera vez, una ventana aparecerá. En ella, hará algunos ajustes en el programa que serán usados a partir de ese momento.

cómo conectar el SketchUp por primera vez

1. Después de instalado, el SketchUp debe haber colocado un ícono del programa en su escritorio (el desktop). Haga un doble clic sobre él. —1

2. En la ventana que se abre, haga clic en **Aprendizaje** (*Learn*) (**a**) si quiere aprender más sobre el SketchUp; haga clic en **Añadir Licencia** (*Add License*) (**b**) para entrar con su número de licencia del programa, o en **Elegir Plantilla** (*Choose Template*) (**c**) para elegir el modelo de diseño a ser usado como referencia para crear nuevos archivos.

Te damos la bienvenida a SketchUp

SketchUp Pro 2013   Trimble

Estado de la licencia: Evaluación de Pro
Tiempo restante = 0.00 horas   Añadir licencia —2b
Plantilla predefinida: Simple Template - Meters   Elegir plantilla —2c

2a— Aprender

3. Al hacer clic en **Elegir Plantilla** (*Choose Template*) (item 2c), haga clic nuevamente para elegir una de las opciones (use la barra de rodaje para ver todas):

a. **Plantilla sencilla - Metros** (*Simple Template – Feet and Inches*): Presenta los ajustes básicos de estilos y colores, con unidades en pies o pulgadas.
b. **Diseño arquitectónico - Pies y pulgadas** (*Architectural Design – Feet and Inches*): Configurado para arquitectura, en pies y pulgadas.
d. **Diseño arquitectónico - Milímetros** (*Architectural Design – Milímeters*): Configurado para el área de arquitectura, en milímetros.
e. **Modelos para Google Earth - Pies y pulgadas** (*Google Earth Modeling – Feet and Inches*): Ajustado para el uso con Google Earth, en pies y pulgadas.
f. **Modelos para Google Earth - Metros** (*Google Earth Modeling – Meters*): Ajustado para el uso

inicio de un capítulo

El **título** del capítulo siempre forma parte de una propuesta de trabajo, o de una duda sobre el programa que sirve de gancho para las explicaciones del capítulo.

Este texto responde a la pregunta del **título** y expone en líneas generales lo que será explicado más adelante.

Esta es la lista de los **temas** que serán abordados en el capítulo. Esos temas estarán siempre en la parte superior de las páginas para facilitar su ubicación.

temas y procedimientos

Este es el título del **tema**. A seguir, siempre viene un pequeño texto que ilustra lo que será tratado más adelante.

Cada **tema** está compuesto por una serie de **procedimientos**. Cada **procedimiento** siempre indica cómo realizar una operación y casi siempre acompañado de imágenes de las pantallas del programa en uso.

Cuando sea necesario, algunos **procedimientos** también mostrarán **observaciones** que llaman la atención sobre variaciones en el **procedimiento** y otros datos importantes.

Destaques de este capítulo

Unidades, ubicación, plantilla (pág. 16)
En el menú **Información del modelo** (*Model Info*), elija las unidades, la ubicación del proyecto y la plantilla. Para eso, vaya a los menús **Información del modelo/Unidades** (*Model Info/Units*), **Información del modelo/Localización** (*Model Info/Location*) y **Preferencias/Plantilla** (*Preferences/Template*).

Visualización básica (pág. 21)
Para acercar y alejar con el ratón, gire la ruedita (click wheel).
Para **Orbitar** (*Orbit*) con el ratón, haga clic y arrastre la ruedita (click wheel).
Para hacer un **Desplazar** (*Pan*) con el ratón, haga clic y arrastre la ruedita (click wheel) y, sin soltarla, haga clic y arrastre con el botón izquierdo del ratón.

Tipos de selección (pág. 24)

Diseño básico (pág. 25)

Actividades propuestas

Ej. 01 – Configuraciones iniciales
1. Abra un nuevo documento o, entonces, el archivo **Cap01_Ej01.skp**.
2. Configure el archivo para ser usado en metros, en su ciudad.
3. Salve el archivo en la carpeta Mis Documentos, en Windows, o Documentos, en Mac. Use el nombre Plantilla SketchUp.
4. Haga que este archivo sea usado como plantilla para crear nuevos documentos.

Ej. 02 – Dibujo Básico y Empujar/tirar
1. Abra el archivo **Cap01_Ej02.skp** y haga el dibujo abajo (*fig.01*) con las medidas exactas.
2. Use la herramienta **Empujar/tirar** (*Push/Pull*) para crear un volumen de 3m de altura (*fig.02*).
3. Haga las siguientes modificaciones en el volumen, de acuerdo con la *fig. 03*.

---

destaques del capítulo

Al final de cada capítulo se presenta un resumen de lo que fue expuesto, con pequeños textos que se refieren a la explicación principal, para una consulta rápida.

actividades propuestas

Por último, se proponen algunas actividades relacionadas con el contenido del capítulo, para que pueda practicar y perfeccionar las técnicas propuestas. Algunas actividades dependen de ejercicios que se pueden descargar del sitio (véase el tema **cómo usar el material disponible en el sitio**).

importante

Este libro fue escrito a partir de la versión 2013 del SketchUp Pro para PC. En la plataforma Macintosh, algunas herramientas y menús se pueden presentar de manera algo diferente, y estas diferencias se mencionan en este libro.

cómo usar el material disponible en el sitio

La GetPro Books (www.getprobooks.com) creó un sitio exclusivo para este libro, con un foro para la comunicación entre los lectores, además de archivos que deben descargarse para complementar las actividades propuestas al final de cada capítulo. Para aprovechar el material disponible en el sitio:

1. Vaya a la dirección *http://www.librosketchup.com*.

2. Llene el formulario con su nombre y e-mail.

3. Una vez registrado, haga clic en este enlace para descargar las **actividades propuestas**.

4. Haga clic en este enlace para acceder al foro de debate.

5. Los ejercicios propuestos para cada capítulo están disponibles en formato **.zip**. Existe un archivo **.zip** para cada capítulo del libro, y puede descargarlos haciendo clic directamente en cada enlace.

6. Se recomienda, pero no es obligatorio, que cree una carpeta para guardar todos sus archivos. No olvide descomprimir los archivos **.zip**, usando el WinZip o el propio descompresor del Windows, antes de empezar a trabajar. Si está usando un Mac, use un programa como el Stuffit Expander para descomprimir los ejercicios.

Si alguna orientación dada no está de acuerdo con lo que está publicado en nuestro sitio en el momento de la compra de este libro, por favor entre en contacto por e-mail *libro@librosketchup.com*, que le daremos una nueva indicación de cómo acceder al material del sitio.

dónde obtener ayuda

A seguir, presentamos algunas indicaciones de sitios y otras publicaciones que le pueden ayudar a mejorar sus conocimientos sobre el programa:

1. Para obtener más información sobre cómo utilizar SketchUp, visite *http://help.sketchup.com.*

2. Para descargar los objetos de uso ya hecho en SketchUp, visite *http://3dwarehouse.sketchup.com.*

3. Para ver tutoriales en vídeo, además de los trabajos realizado utilizando SketchUp, visite *http://www.youtube.com* y escriba SketchUp el cuadro de búsqueda.

sumario

A primera vista el SketchUp parece un poco raro. Pocos botones, atajos de teclado diferentes…. Tengo la impresión de que voy a diseñar algunos modelos en 3D, pero nada tan sensacional como lo que vi por ahí. Sería bueno saber la mejor manera de

empezar a usar el SketchUp

El SketchUp fue creado para quien quiere producir objetos en 3D de manera intuitiva, rápida y fácil. El programa trae una interfaz totalmente única, donde la creación, manejo y edición de elementos se hacen de manera diferente de la de cualquier otro software. Dadas sus características singulares, no se encaja en la categoría de softwares CAD (como el Vectorworks, el ArchiCAD o el Revit, por ejemplo) ni en la de los softwares 3D tradicionales (3D Studio, Maya, Cinema 4D y otros), y es eso lo que lo hace un programa tan especial.

Qué leerá en este capítulo

1.1 Ajustes iniciales, nuevo documento, abrir, guardar y cerrar

1.2 Trabajar con barras - versión Windows

1.3 Trabajar con barras - versión Mac

1.4 Unidades, ubicación, plantilla

1.5 Visualización básica

1.6 Tipos de selección

1.7 Diseño básico

1.8 Diseño con medidas

1.9 Cómo crear y modificar volúmenes básicos

1.10 Cómo borrar objetos

1.1 Ajustes iniciales, nuevo documento, abrir, guardar y cerrar

Cuando conecta el SketchUp por primera vez, una ventana aparecerá. En ella, hará algunos ajustes en el programa que serán usados a partir de ese momento.

cómo conectar el SketchUp por primera vez

1. Después de instalado, el SketchUp debe haber colocado un ícono del programa en su escritorio (el desktop). Haga un doble clic sobre él.

2. En la ventana que se abre, haga clic en **Aprendizaje** (*Learn*) (**a**) si quiere aprender más sobre el SketchUp; haga clic en **Añadir licencia** (*Add License*) (**b**) para entrar con su número de licencia del programa, o en **Elegir plantilla** (*Choose Template*) (**c**) para elegir el modelo de diseño a ser usado como referencia para crear nuevos archivos.

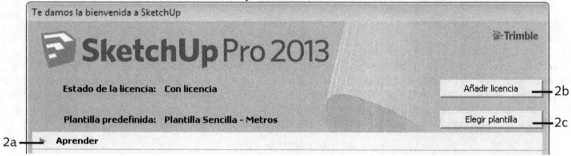

3. Al hacer clic en **Elegir plantilla** (*Choose Template*) (ítem **2c**), haga clic nuevamente para elegir una de las opciones (use la barra de rodaje para ver todas):

a. **Plantilla sencilla- Pies y pulgadas** (*Simple Template – Feet and Inches*): Presenta los ajustes básicos de estilos y colores, con unidades en pies y pulgadas;
b. **Plantilla sencilla - Metros** (*Simple Template – Meters*): Presenta los ajustes básicos de estilos y colores, con unidades en metros;
c. **Diseño arquitectónico - Pies y pulgadas** (*Architectural Design – Feet and Inches*): Configurado para arquitectura, en pies y pulgadas;
d. **Diseño arquitectónico - Milímetros** (*Architectural Design – Milimeters*): Configurado para el área de arquitectura, en milímetros;
e. **Modelos para Google Earth - Pies y pulgadas** (*Google Earth Modeling – Feet and Inches*): Ajustado para el uso con Google Earth, en pies y pulgadas;
f. **Modelos para Google Earth - Metros** (*Google Earth Modeling – Meters*): Ajustado para el uso con Google Earth, en metros;
g. **Ingeniería - Pies y Pulgadas** (*Engineering – Feet*): Configurado para ingeniería, unidades en pies;
h. **Ingeniería - Metros** (*Engineering – Meters*): Configurado para ingeniería, unidades en metros;
i. **Diseño de productos y carpintería - Pies y pulgadas** (*Product Design and Woodworking – Inches*): Ajustes para carpintería y design de producto, en pulgadas;
j. **Diseño de productos y carpintería - Milímetros** (*Product Design and Woodworking – Milimeters*): Ajustes para carpintería y diseño de producto, en milímetros;
k. **Vista de plano - Pies e pulgadas** (*Plan View – Feet and Inches*): Configuración simple en vista de planta, en pies y pulgadas;
l. **Vista de plano - Metros** (*Plan View – Meters*): Configuración simple en vista de planta, en metros;
k. **Plantilla de aprendizaje básico - Pies y pulgadas** (*Beginning Training Template – Feet and Inches*): Configuración del curso de aprendizaje básico, en pies y pulgadas;

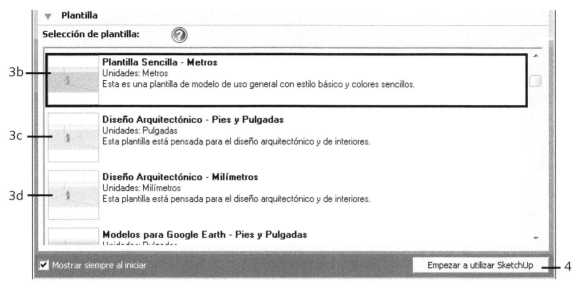

l. **Plantilla de aprendizaje básico - Metros** (*Beginning Training Template – Meters*): Configuración del curso de aprendizaje básico, en metros.

4. Haga clic en **Empezar a utilizar SketchUp** (*Start using SketchUp*) y el programa será iniciado, de acuerdo con la elección realizada en el ítem anterior.

para crear un nuevo documento

1. Vaya al menú **Archivo/Nuevo** (*File/New*) Ctrl+N.

2. El SketchUp abre una nueva ventana de diseño. Sus configuraciones (unidades, ubicaciones, colores estándar, etc.) se basan en la **Plantilla** (*Template*), que se puede escoger en la **Ventana/Preferencias/Plantillas** (*Window/Preferences*)/*Template*).

para abrir un documento

1. Vaya al menú **Archivo/Abrir...** (*File/Open...*) Ctrl+O, indicando en la secuencia el nombre del archivo a abrir.

> **OBS** El SketchUp para Windows no permite la apertura de más de un archivo en una misma sesión del programa. Si quiere usar dos archivos abiertos (para copiar y pegar objetos entre ellos, por ejemplo), precisa abrir otra sesión del SketchUp, haga clic dos veces sobre el ícono del programa (como si fuese a iniciar el programa otra vez). En el Macintosh, el SketchUp permite el uso de más de un archivo en la misma sesión. Para alternar entre los archivos en un Mac, basta usar el menú **Ventana** (*Window*).

para guardar un documento

1. Vaya al menú **Archivo/Guardar** (*File/Save*) Ctrl+S.

2. Si es la primera vez que guarda el archivo, el SketchUp pide el nombre del archivo y su sitio en el computador.

3. Si no es la primera vez, el archivo se graba con el mismo nombre con el que fue creado y en el mismo sitio.

4. Para guardar el documento con otro nombre y/o colocarlo en otro sitio del computador, vaya al menú **Archivo/Guardar como...** (*File/Save As…*).

para cerrar un documento y cerrar el programa

1. Vaya al menú **Archivo/Salir** (*File/Exit*). En el caso de que el archivo no se haya guardado, el SketchUp preguntará si quiere guardarlo. El programa nunca cerrará su archivo sin guardarlo (a no ser que sea esa su intención).

1.2 Trabajar con barras – versión Windows

SketchUp tiene una gran cantidad de herramientas que se organizan en las barras de herramientas. A medida que el software se hizo más flexible a lo largo de los años debido a la popularidad de los complementos (herramientas adicionales que puede descargar para aumentar las habilidades de SketchUp), la interfaz por lo general puede conseguir un poco torpe, con un montón de barras de herramientas flotantes en la pantalla. A continuación, usted aprenderá a manejar las barras de herramientas de SketchUp para mantener su ventana de dibujo organizado.

para abrir una barra

1.Vaya al menú **Ver/Barras de herramientas...** (View/ Toolbars...)

2. Activar la barra de herramientas que desee haciendo clic en la casilla de verificación correspondiente. La barra de herramientas se mostrará de inmediato. Haga clic una vez en el cuadro para desactivarlo.

3. Hecho esto, clic en **Cerrar** para finalizar.

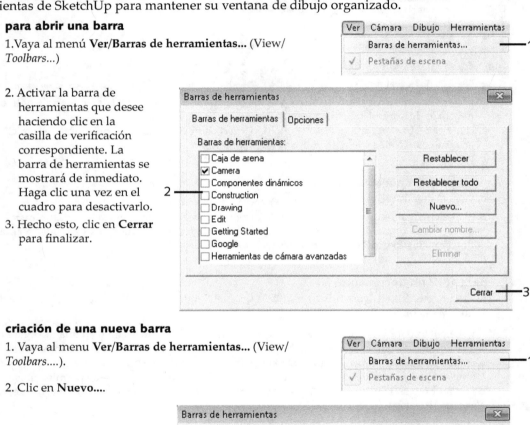

criación de una nueva barra

1. Vaya al menu **Ver/Barras de herramientas...** (View/ Toolbars....).

2. Clic en **Nuevo....**

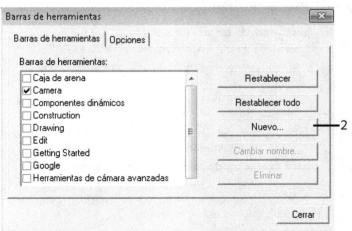

3. Escriba el nombre de la barra (**a**) y haga clic en **Aceptar** (**b**).

4. Para rellenar la barra de herramientas, haga clic y arrastre las herramientas que desee de otras barras de herramientas. Ahora usted sabe que puede hacer lo mismo para reorganizar las barras de herramientas existentes, si quieres.

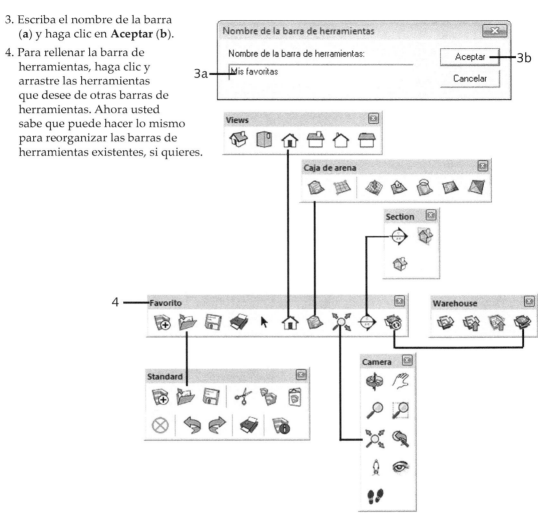

5. Haga clic en **Cerrar** (*Close*) cuando finalizar.

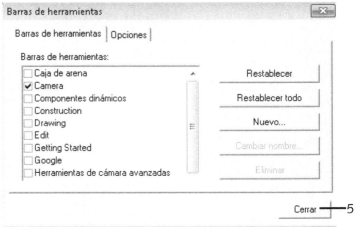

otras opciones de barras

1. Si se han realizado cambios en una barra y desea volver para la configuración inicial seleccione (**a**) e pulse **Restablecer** (*Reset*) (**b**). Aparecerá una advertencia preguntando si quiere "reajustar" la barra. Haga clic en **Sí** (**c**).

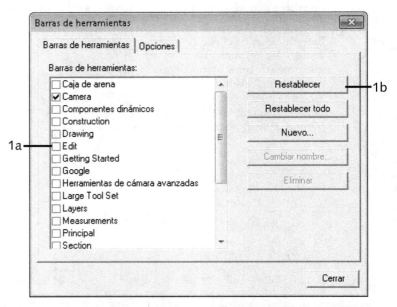

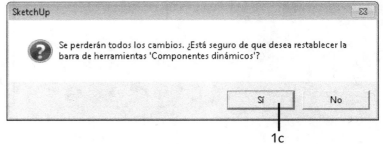

2. Haga clic en **Restablecer todo** (*Reset All*) (**a**) para que SketchUp apagar todas las barras de herramientas a su estado original. Una vez más, un cuadro de diálogo se mostrará, a la espera de la confirmación de la acción. Haga clic en **Sí** (**b**).

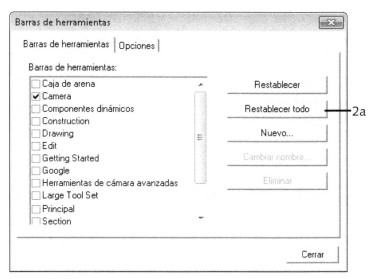

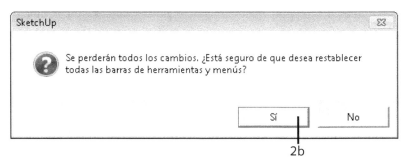

3. También puede **Cambiar nombre** (*Rename*) (**a**) o **Eliminar** (*Delete*) (**b**) solamente las barras que ha creado.

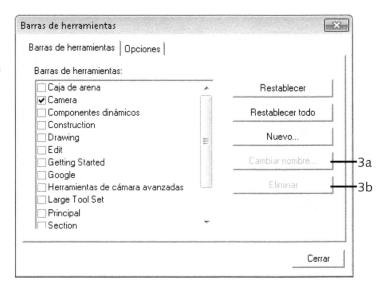

1.3 Trabajar con barras – versión Mac

A diferencia de la versión de PC, de SketchUp para Mac te permite editar sólo una barra de herramientas, que se encuentra en la parte superior de la ventana de dibujo. No se pueden modificar las otras barras de herramientas de SketchUp predeterminados, como Herramientas para sólidos, Google, Galería, etc..

para abrir una barra

1. Vaya al menú **Ver/Personalizar barra de herramientas...** (View/*Toolbars...*)

2. Ahora puede arrastrar cualquiera de los botones de este panel (**a**) en la barra superior (**b**).

3. También puedes arrastrar el ajuste predeterminado en la barra de herramientas.

4. Elija una de estas opciones para cambiar la forma en que los botones se muestran en la interfaz de SketchUp.

5. Haga clic en el cuadro para cambiar entre los tamaños, grandes y pequeños botones.

6. Haga clic en **Aceptar** (*Done*) cuando haya terminado.

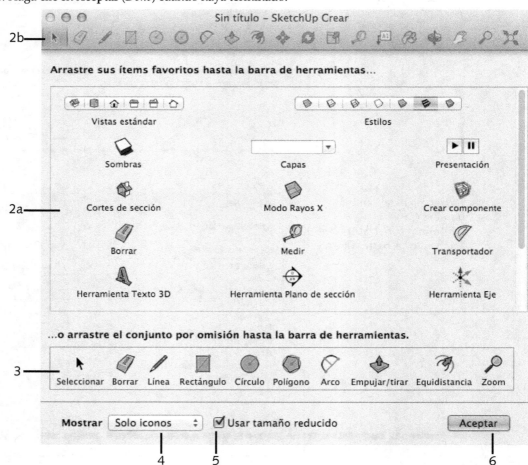

1.4 Unidades, ubicación, plantilla

Los ítems citados arriba son los principales a ser configurados entre los varios que existen en el SketchUp. La idea de este tema es mostrar cómo modificar esos parámetros y crear una nueva plantilla (*template*) que sea su punto de partida en el SketchUp.

para definir la unidad

1. Vaya al menú **Ventana/ Información del modelo** (*Window/ Model Info*) y elija la opción **Unidades** (*Units*).

2. En el campo **Formato** (*Format*), elija **Decimal** (**a**). En el campo al lado (que estaba bloqueado y pasa a ser habilitado), elija **Metros** (*Meters*) (**b**). Si quiere, modifique el campo **Precisión** (*Precision*) (**c**) para 0,00m (dos casillas decimales).

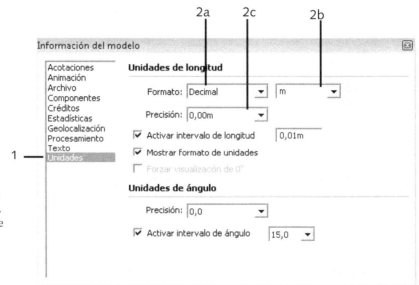

para eligir una localización para su proyecto

1. Vaya al menu **Ventana/ Información del modelo** (*Window/ Model Info*) y seleccione la opción **Geolocalización** (*Geo-location*).

2. Haga clic en **Añadir localización**... (*Add Location*...).

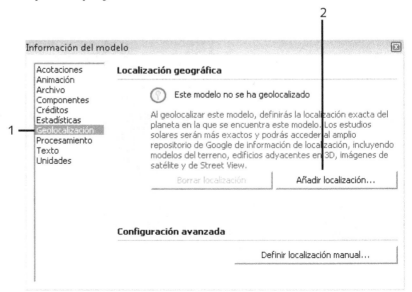

3. En la ventana que se abre, haga clic en el campo indicado y escriba el nombre del local de su

proyecto (**a**). En seguida, haga clic en **Buscar** (*Search*) (**b**).

4. El SketchUp mostrará el local indicado en la ventana. Puede utilizar el botón izquierdo del ratón y la rueda de clic (*click wheel*) para ajustar la posición de acuerdo con el local exacto de su proyecto.

5. Haga clic en **Seleccionar región** (*Select Region*) (**a**) para seleccionar la parte de la imagen que desea. En seguida, haga clic y arrastre los controles indicados (**b**) para definir el área que se utilizará. Para confirmar, haga clic en **Captar** (*Grab*) (**c**).

6. Observe que la imagen se ha insertado en el dibujo y el panel **Geolocalización** (*Geo-location*) muestra ahora las informaciones geográficas correctas (incluyendo la posición correcta del norte solar).

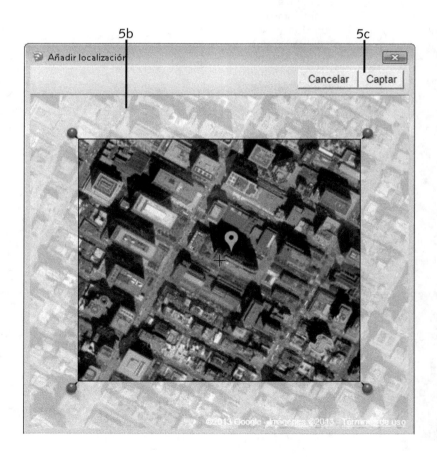

opción de visibilidad

La importación del Google Earth para el SketchUp siempre trae, en realidad, dos objetos, uno es la imagen plana, sin informaciones de topografia, y el otro es un grupo compuesto por la topografía con la imagen aplicada.

1. Para alternar entre la imagen del terreno sin topografía y el grupo con la topografía, vaya a la barra **Google** y haga clic en **Cambiar terreno** (*Toogle Terrain*).

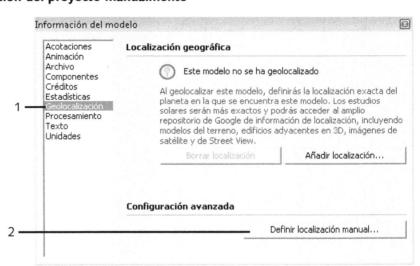

para configurar la localización del proyecto manualmente

1. Vaya ao menu **Ventana/ Información del modelo** (*Window/Model Info*) y escoja la opción **Geolocalización** (*Geolocation*).

2. Haga clic en **Definir localización manual**... (*Set Manual Location...*).

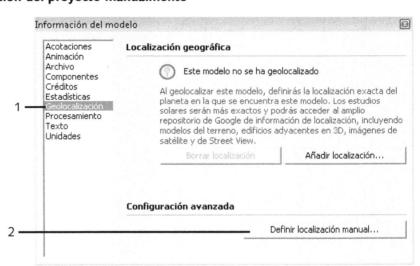

3. En la ventana que se abre, configure:

a. **País** (*Country*): Escriba el nome del país donde está el proyecto;
b. **Localización** (*Location*): Escriba el nombre del local de su proyecto;
c. **Latitud**: Escriba la latitud do su proyeto;
d. **Longitud**: Escriba la longitud del proyecto.
4. Haga clic en **Aceptar** para confirmar.

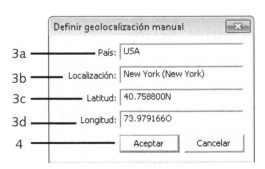

cómo establecer el norte del proyecto manualmente

La ubicación exacta que haya configurado manualmente se refiere al origen de dibujo de SketchUp y el ángulo norte se alinea automáticamente con el eje verde. Para modificar el ángulo norte tienes que descargar la extensión Solar North en la Galería de Extensiones. Aprenda cómo hacerlo en la página **201**. Después de descargar la extension, puede configurar el ángulo del norte siguiendo los próximos pasos.

1. Vaya al menú **Ver/Barras de herramientas...** (View/Toolbars...) (**a**) y active la barra **Solar North** (*North Solar*) (**b**). Después, clic en **Cerrar** (*Ok*) (**c**).

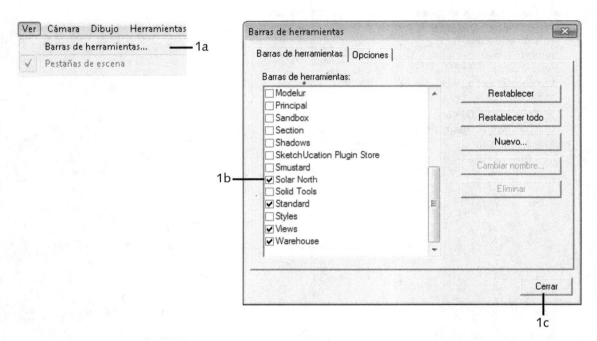

2. Haga clic en el botón indicado para activar la dirección del norte en el área de dibujo.

3. Clic en este botón si desea indicar el norte con la brújula (**a**). Clic en algún ponto de la pantalla (**b**) y arraste el ratón el la dirección que desea dar a el norte; suelte el botón para confirmar (**c**).

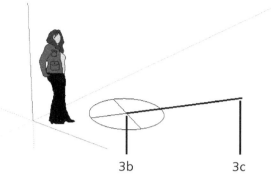

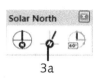

3a

3b   3c

4. Clic en este botón para introducir un valor para el norte en la ventana que se abre (**a**). Clic en **OK** para confirmar (**b**).

   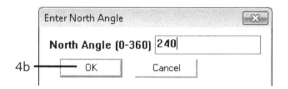

4a   4b

para crear una plantilla

1. Configure el archivo (unidades, localización y cualquier otro tipo de información, incluyendo dibujos, si fuese el caso) y sálvelo usando el menú **Archivo/Guardar como plantilla...** (*File/Save As Template...*).

2. En el ventana que se abre, configure:

a. **Nombre** (*Name*): Dé un nombre a la plantilla;
b. **Descripción** (*Description*): Escriba un pequeño texto que resuma las características de la plantilla;
c. **Archivo** (*File Name*): Dé un nombre al archivo que contiene la plantilla;
d. **Definir como plantilla predeterminada** (*Set as default template*): Haga clic en esta caja si quiere que esta plantilla sea usada automáticamente siempre que el SketchUp sea iniciado.

3. Haga clic en **Guardar** (*Save*) para guardar la plantilla.

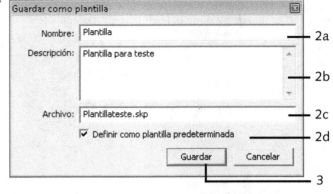

para elegir una plantilla

1. Vaya al menú **Ventana/Preferencias** (*Window/Preferences*).
2. En la ventana que se abre, haga clic en **Plantilla** (*Template*) (**a**); después, escoja la plantilla entre las de la lista (**b**).
3. Clique en **Aceptar** (*OK*). La plantilla será usada como referencia la próxima vez que inicie el SketchUp.

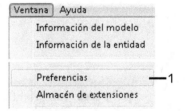

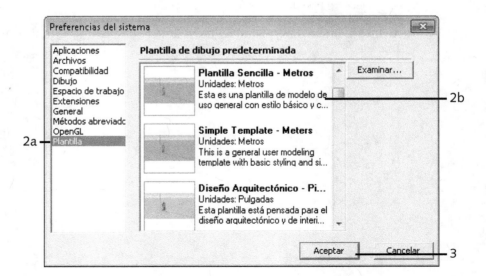

1.5 Visualización básica

Puede hacer los comandos más importantes de visualización directamente con el ratón. Sin embargo, hay algunos movimientos más complejos que sólo conseguirá hacerlos usando los menús y barras.

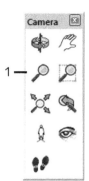

para acercar y alejar

1. En la barra **Camera**, haga clic en la herramienta **Zoom**.

2. Coloque el cursor en el centro de la pantalla, haga clic y arrastre hacia arriba (acercar) y hacia abajo (alejar).

OBS Para acercar y alejar con el ratón, gire la ruedita (*Click Wheel*).

para orbitar (o sobrevolar) un proyecto

1. En la barra **Camera**, haga clic en la herramienta **Orbitar** (*Orbit*).

2. Coloque el cursor en el centro de la pantalla, haga clic y arrastre para orbitar. Si mantiene la tecla **Mayús** (*Shift*) presionada mientras hace clic y arrastra el cursor, el SketchUp hace el movimiento conocido como **Desplazar** (*Pan*).

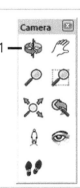

OBS Para **Orbitar** (*Orbit*) con el ratón, haga clic y arrastre la ruedita (*Click Wheel*).

para ampliar determinada área

1. En la barra **Camera**, haga clic en la herramienta **Ventana de Zoom** (*Zoom Window*).

2. Haga clic una vez para indicar el principio del área a ser ampliada (**a**). Arrastre el cursor y suéltelo donde quiera definir el final de la ventana de ampliación (**b**).

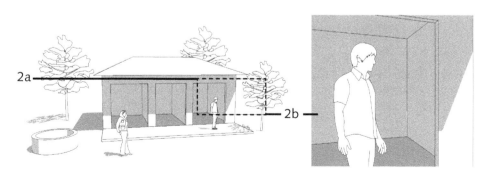

OBS Si está muy alejado del proyecto, vaya a la barra **Camera** y haga clic en el botón **Modelo centrado** (*Zoom Extents*) para que el SketchUp encuadre todo el proyecto en la pantalla.

para hacer un Desplace (Pan)

1. En la barra **Camera**, haga clic en la herramienta **Desplazar** (*Pan*).

2. Coloque el cursor en el centro de la pantalla, haga clic y arrastre en cualquier dirección para desplazar al observador.

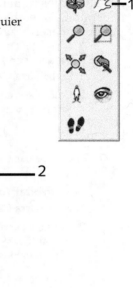

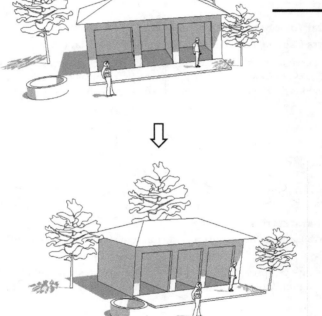

_____ 2

OBS Para hacer desplazar (*Pan*) con el ratón, haga clic y arrastre la ruedita (*Click Wheel*), y sin soltarla, haga clic y arrastre con el botón izquierdo.

cómo colocar al observador dentro del proyecto

1. Vaya al menú **Cámara/Vistas estándar/Planta** (*Camera/Standard Views/Top*).

2. En la barra **Camera**, haga clic en la herramienta **Situar cámara** (*Position Camera*).

3. Haga clic donde quiere posicionar al observador y sujete el botón del ratón (**a**). Suelte el botón en la dirección en que el observador estará mirando (**b**).

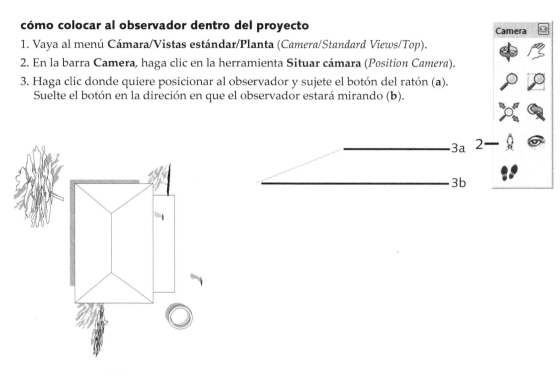

4. En la caja **Medidas** (*Measurements*), escriba la altura del ojo y, enseguida, pulse **Intro** (*Enter*).

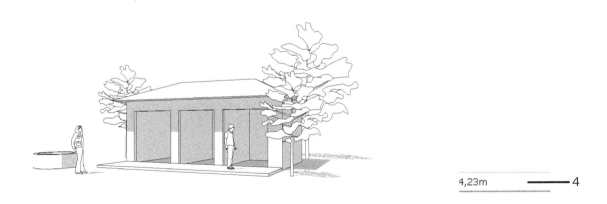

5. Enseguida, el SketchUp activa automáticamente la herramienta **Girar** (*Look Around*). Haga clic y arrastre para mover al observador sin cambiarlo de lugar.

1.6 Tipos de selección

Todos los objetos del SketchUp están construidos con líneas y lados. Un lado sólo existe cuando está envuelto completamente por líneas que están en un mismo plano. Puede seleccionar varias líneas y lados y entonces trasformar este conjunto en un grupo o componente.

cómo seleccionar una línea

1. En la barra **Principal**, haga clic en la herramienta **Seleccionar** (*Select*).

2. Haga clic una vez directamente sobre la línea que desea.

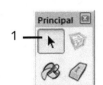
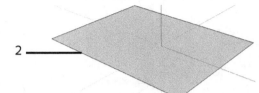

cómo seleccionar un lado

1. En la barra **Principal**, haga clic en la herramienta **Seleccionar** (*Select*).

2. Haga clic una vez directamente sobre el lado que desea.

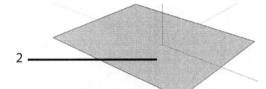

cómo seleccionar un objeto

1. En la barra **Principal**, haga clic en la herramienta **Seleccionar** (*Select*).

2. Haga clic tres veces sobre cualquier elemento del objeto para seleccionar todas las líneas y lados a él conectados.

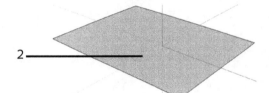

para seleccionar más de un objeto

1. En la barra **Principal**, haga clic en la herramienta **Seleccionar** (*Select*).

2. Haga clic tres veces sobre el primer objeto a ser seleccionado.

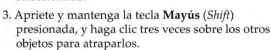
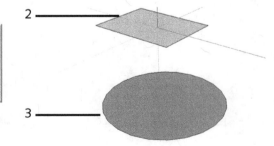

3. Apriete y mantenga la tecla **Mayús** (*Shift*) presionada, y haga clic tres veces sobre los otros objetos para atraparlos.

4. Si hace clic tres veces sobre un objeto ya seleccionado, éste será retirado de la selección.

otras opciones interesantes

1. Si hace clic dos veces sobre una línea, seleccionará la línea y todos los lados conectados a ella.

2. Si hace clic dos veces en un lado, seleccionará el lado y todas las líneas conectadas a él.

3. Algunas opciones para editar objetos sólo aparecen si hace clic con el botón derecho del ratón. En ese caso, el SketchUp muestra el menú contextual. Las informaciones de ese menú (que varían de acuerdo con el objeto seleccionado) se comentan, siempre que es necesario, a lo largo del libro.

1.7 Diseño básico

En el SketchUp diseña directamente en 3D, y las formas básicas (incluso los arcos y círculos) son en realidad construidas con líneas. Estas herramientas son la base para la construcción de volúmenes, como veremos más adelante.

línea

1. En la barra **Drawing**, escoja la herramienta **Línea** (*Pencil*).
2. Haga clic y arrastre el cursor en la dirección de creación de la línea. Suelte el botón cuando quiera terminar.

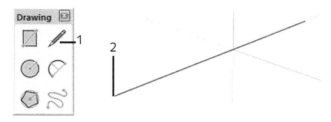

OBS Si hace clic y suelta, en lugar de hacer clic y arrastrar, el SketchUp iniciará una nueva línea al final de la línea actual.

polígono irregular

1. En la barra **Drawing**, escoja la herramienta **Línea** (*Pencil*).
2. Haga clic y suelte el cursor en dirección a la creación de la línea. Haga clic para confirmar el final de la primera línea.
3. Note que el SketchUp ya empieza a trazar una nueva línea. Haga un clic para cada segmento y haga clic en el punto inicial para finalizar.

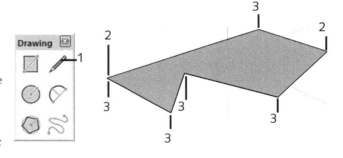

OBS Para interrumpir la creación del polígono, pulse la tecla **ESC**.

rectángulo

1. En la barra **Drawing**, elija la herramienta **Rectángulo** (*Rectangle*).
2. Haga clic y suelte el cursor en el punto de inicio del rectángulo.
3. Mueva el cursor en sentido diagonal y haga clic dónde quiere situar el vértice opuesto.

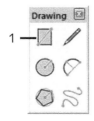
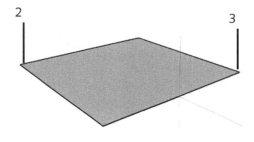

círculo

1. En la barra **Drawing**, elija la herramienta **Círculo** (*Circle*).

2. Haga clic y suelte el cursor en el punto de inicio del círculo.

3. Mueva el cursor para determinar el radio y haga clic para finalizar.

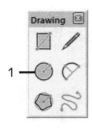

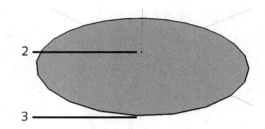

arco

1. En la barra **Drawing**, elija la herramienta **Arco** (*Arc*).

2. Haga clic y suelte el cursor en el punto de inicio del arco.

3. Mueva el cursor para determinar el término del arco y haga clic nuevamente.

4. Mueva el cursor para elegir el tamaño de la flecha y haga clic para finalizar.

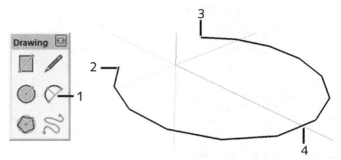

polígono regular

1. En la barra **Drawing**, elija la herramienta **Polígono** (*Polygon*).

2. En la caja **Medidas** (*Measurements*), escriba el número de lados del polígono.

3. Haga clic y suelte el cursor para empezar el polígono.

4. Mueva el cursor y haga clic una vez que esté a la distancia deseada.

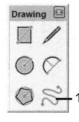

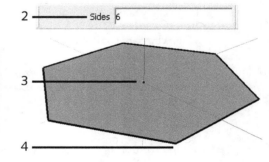

dibujo a mano alzada (free-hand)

1. En la barra **Drawing**, elija la herramienta **Mano alzada** (*Freehand*).

2. Haga clic y arrastre el cursor para dibujar la forma deseada. Para terminar, basta soltar el botón.

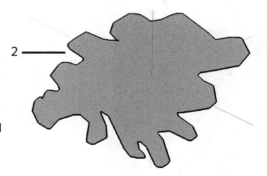

1.8 Diseño con medidas

El SketchUp también permite la entrada de medidas exactas al crear un objeto. Para eso use la caja **Medidas** (*Measurements*), situada en el canto inferior derecho de la ventana del SketchUp.

para dibujar una línea o polígono con medidas

1. En la barra **Drawing**, elija la herramienta **Línea** (*Pencil*).

2. Haga clic dónde quiere iniciar la línea y muévala en la dirección deseada.

3. En la caja **Medidas**, escriba la medida y pulse **Intro** (*Enter*). La línea fue dibujada en la dirección señalada.

4. En este momento, el SketchUp empezará una nueva línea al final de la línea actual. Pulse **ESC** si quiere parar de dibujar.

5. Coloque el cursor en dirección al próximo segmento y escriba el valor en la caja **Medidas**. Pulse **Intro** (*Enter*).

6. Repita los puntos **4** y **5** para hacer nuevas líneas. Para terminar, haga clic otra vez en el punto inicial (cierra el polígono, creando una cara) o pulse **ESC** (mantiene el polígono abierto).

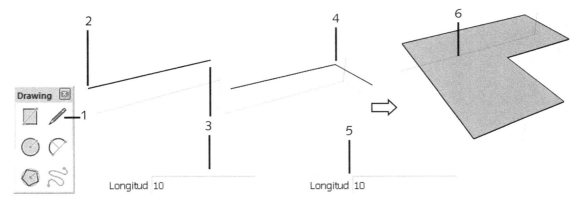

cómo dibujar un rectángulo con medidas

1. En la barra **Drawing**, elija la herramienta **Rectángulo** (*Rectangle*).

2. Haga clic dónde quiere empezar el rectángulo (**a**) y mueva el cursor en la dirección deseada (**b**).

3. En la caja **Medidas**, escriba las medidas del rectángulo, en formato **X;Y**. Pulse **Intro** (*Enter*) para finalizar el rectángulo.

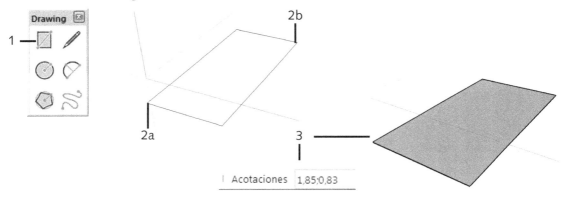

cómo dibujar un círculo o polígono regular con medidas

1. En la barra **Drawing**, elija la herramienta **Círculo** (*Circle*) o **Polígono** (*Regular Polygon*).
2. En la caja **Medidas**, escriba el número de aristas (líneas) que van a componer el círculo o polígono regular (note que, para el SketchUp, la diferencia entre los dos está apenas en el número de lados). Pulse **Intro** (*Enter*).
3. A seguir, haga clic y suelte el cursor en el punto de inicio del círculo.
4. Mueva el cursor para determinar el radio y escriba el valor deseado en la caja **Medidas**. Pulse **Intro** (*Enter*).

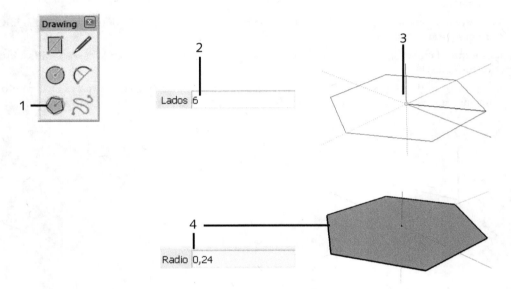

OBS También puede cambiar el número de lados del polígono si escribe el número deseado seguido de la letra "S" (Aunque la palabra "Radio" se muestra en la caja **Medidas**).

1.9 Cómo crear y modificar volúmenes básicos

A partir del dibujo de elementos simples, el SketchUp es capaz de crear formas tridimensionales con mucha facilidad. Puede crear nuevos objetos a partir de volúmenes existentes de manera rápida y muy original.

para crear volúmenes a partir de una superficie

1. En la barra **Edit**, seleccione la herramienta **Empujar/tirar** (*Push/Pull*).

2. Mueva el cursor hacia arriba de la cara deseada. Note que el SketchUp destaca la cara seleccionada con un tono diferenciado.

3. Haga clic sobre la cara y muévala en la dirección deseada.

4. Si quiere determinar una medida para el volumen, escríbala en este momento en la caja **Medidas**. Pulse **Intro** (*Enter*) para finalizar el objeto.

5. Si no escribió ninguna medida (punto **4**), basta hacer clic cuando el volumen alcance el tamaño deseado.

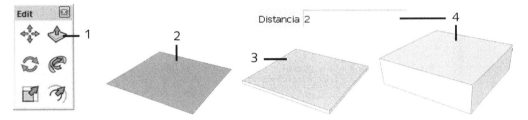

cómo crear nuevos volúmenes a partir de otros, usando el Empujar/tirar (Push/Pull)

1. Sobre cualquier cara de un objeto 3D, dibuje una nueva, con las herramientas de la barra **Drawing**.

2. En la barra **Edit**, seleccione la herramienta **Empujar/tirar** (*Push/Pull*).

3. Mueva el cursor hacia arriba de la nueva cara. Note que el SketchUp destaca la cara seleccionada con un tono diferenciado.

4. Haga clic sobre la cara y muévala en la dirección deseada (hacia adentro o hacia afuera del volumen original).

5. Si quiere determinar una medida para el desplazamiento, escriba en este momento en la caja **Medidas**. Pulse para finalizar el objeto.

6. Si no escribió ninguna medida (punto **5**), basta hacer clic cuando el desplazamiento sea el deseado.

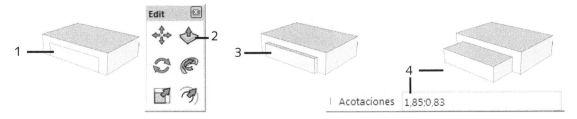

OBS Si pulsa la tecla Ctrl cuando está usando el **Empujar/tirar** (*Push/Pull*), el SketchUp crea un nuevo volumen, pero mantiene todas las líneas del volumen original.

1.10 Cómo borrar objetos

Puede borrar objetos con la tecla Borrar o con la herramienta **Borrar** (*Eraser*), que borra una o más líneas de una vez.

para borrar líneas, caras u objetos con el teclado

1. Seleccione la(s) línea(s), cara(s) u objeto(s) que quiera borrar.

2. Pulse la tecla **Supr** (*Delete*) para borrar. La tecla **Retroceso** (*Backspace*) (la tecla grande de borrar, usada en varios programas) no funciona en el SketchUp.

cómo borrar usando la herramienta Borrar

1. No es necesario seleccionar ningún objeto.

2. Seleccione la herramienta **Borrar** (*Eraser*).

3. Haga clic en la línea que quiere borrar. Automáticamente la(s) cara(s) conectada(s) a esa línea será(n) borrada(s).

4. Si prefiere, haga clic y sujete el botón del ratón y pase el borrador encima de las líneas que quiera suprimir. Todas las caras conectadas a esas líneas serán borradas.

OBS La herramienta **Borrar** (*Eraser*) no borra caras de objetos, apenas las líneas.

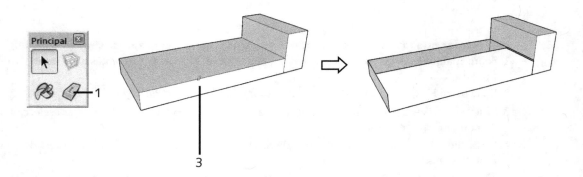

Destaques de este capítulo

Unidades, ubicación, plantilla (pág. 23)

En el menú **Información del modelo** (*Model Info*), elija las unidades, la ubicación del proyecto y la plantilla. Para eso, vaya a los menús **Información del modelo/Unidades** (*Model Info/Units*), **Información del modelo/Localización** (*Model Info/Location*) y **Preferencias/Plantilla** (*Preferences/Template*).

Visualización básica (pág. 29)

Para acercar y alejar con el ratón, gire la ruedita (click wheel).

Para **Orbitar** (*Orbit*) con el ratón, haga clic y arrastre la ruedita (click wheel).

Para hacer un **Desplazar** (*Pan*) con el ratón, haga clic y arrastre la ruedita (click wheel) y, sin soltarla, haga clic y arrastre con el botón izquierdo del ratón.

Tipos de selección (pág. 32)

Para seleccionar una línea, elija la herramienta **Seleccionar** (*Select*) y haga clic una vez sobre la línea que desea.

Para seleccionar una cara, elija la herramienta **Seleccionar** (*Select*) y haga clic una vez sobre la cara que desea.

Para seleccionar un objeto, vaya a la herramienta **Seleccionar** (*Select*) y haga clic tres veces sobre cualquier elemento del objeto, que el SketchUp seleccionará todas las líneas y caras a él conectadas.

Diseño con medidas (pág. 35)

El SketchUp también permite la entrada de medidas exactas al crear un objeto. Para ello use la caja **Medidas** (*Measurements*), el campo de entrada de datos que está en el canto inferior derecho de la ventana del SketchUp.

Diseño básico (pág. 33)

Rectángulo: Haga clic y suelte el cursor en el punto de inicio del rectángulo, muévalo en sentido diagonal y haga clic donde quiere colocar el vértice opuesto.

Línea: Haga clic y arrastre el cursor hacia la dirección de creación de la línea. Suelte el botón cuando quiera terminar.

Círculo: Haga clic y suelte el cursor en el punto de inicio del círculo, muévalo para determinar el radio y haga clic para finalizar.

Arco: Haga clic y suelte el cursor en el punto de inicio del arco, muévalo para determinar el final del arco y haga clic nuevamente. Mueva el cursor para elegir el tamaño del radio y haga clic para finalizar.

Polígono: En la caja **Medidas** (*Measurements*), escriba el número de lados del polígono; haga clic para iniciar el polígono, muévalo y haga clic cuando esté a la distancia deseada.

Mano Alzada: Haga clic y suelte el cursor hacia la dirección de creación de la línea. Haga clic para confirmar el final de la primera línea; haga un clic para cada segmento, y haga clic en el punto inicial para finalizar.

Cómo crear y modificar volúmenes básicos (pág. 37)

Mueva el cursor hacia arriba de la cara deseada. Note que el SketchUp destaca la cara con un tono diferenciado; haga clic sobre ella y muévala en la dirección deseada; haga clic cuando el volumen tenga el tamaño deseado.

Actividades propuestas

Ej. 01 – Configuraciones iniciales

1. Abra un nuevo documento o, entonces, el archivo **Cap01_Ej01.skp.**

2. Configure el archivo para ser usado en metros, en su ciudad.

3. Salve el archivo en la carpeta Mis Documentos, en Windows, o Documentos, en Mac. Use el nombre Plantilla SketchUp.

4. Haga que este archivo sea usado como plantilla para crear nuevos documentos.

Ej. 02 – Dibujo Básico y Empujar/tirar

1. Abra el archivo **Cap01_Ej02.skp** y haga el dibujo abajo (*fig.01*) con las medidas exactas.

2. Use la herramienta **Empujar/tirar** (*Push/Pull*) para crear un volumen de 3m de altura (*fig.02*).

3. Haga las siguientes modificaciones en el volumen, de acuerdo con la *fig. 03*.

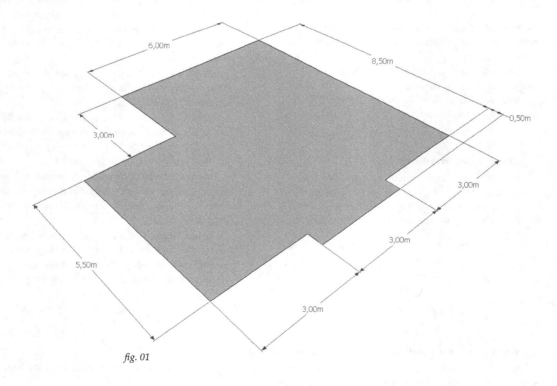

fig. 01

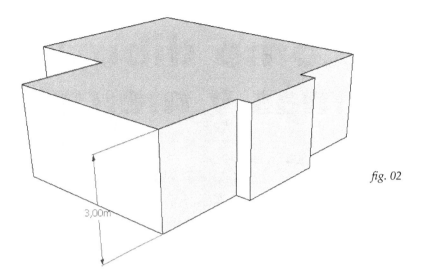

fig. 02

3,00m

fig. 03

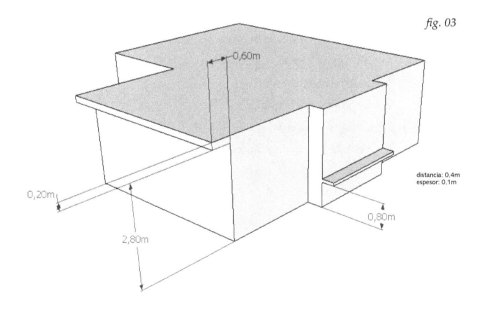

0,60m

0,20m

distancia: 0,4m
espesor: 0,1m

0,80m

2,80m

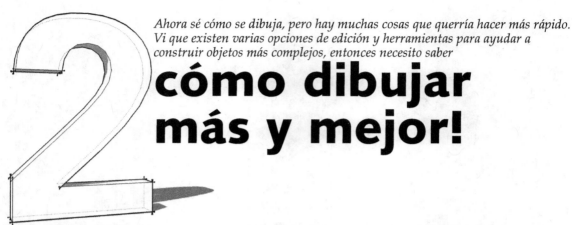

Ahora sé cómo se dibuja, pero hay muchas cosas que querría hacer más rápido. Vi que existen varias opciones de edición y herramientas para ayudar a construir objetos más complejos, entonces necesito saber

cómo dibujar más y mejor!

Así como las herramientas de dibujo básico, las herramientas de edición del SketchUp funcionan de manera diferente de la de otros softwares. Algunas funciones clásicas de varios programas CAD, como la reflexividad y la copia múltiple por matriz, están presentes en el SketchUp de manera sutil. Otras opciones de edición bastante útiles y avanzadas, con el **Sígueme** (*Follow Me*), son exclusivas del programa.

Qué leerá en este capítulo

2.1 Técnicas de edición

2.2 Técnicas de duplicación

2.3 Creación y edición avanzada de objetos

2.4 Dibujo de tejados

2.5 Colocando textos en 3D

2.6 Ayuda para el dibujo

2.7 Cortando objetos

2.8 Acotaciones y anotaciones

2.1 Técnicas de edición

Las principales herramientas de edición de objetos en el SketchUp son parecidas a las de otros programas. Sin embargo, dependiendo de la manera de utilizarlas, pueden traer resultados sorprendentes.

para hacer la rotación de un objeto

1. Seleccione el objeto (una línea, una cara o un volumen).

2. En la barra **Edit**, seleccione la herramienta **Rotar** (*Rotate*).

3. Haga clic en el punto que va a ser el centro del eje de rotación (el centro del eje no necesita estar en el objeto seleccionado).

4. Mueva el cursor para indicar el sentido del eje de rotación y haga clic otra vez.

5. Si quiere rotar el objeto con determinado ángulo, escriba el valor en la caja **Medidas** y pulse **Intro** (*Enter*).

6. Si no escribió ningún valor, haga clic cuando el objeto esté en la posición deseada.

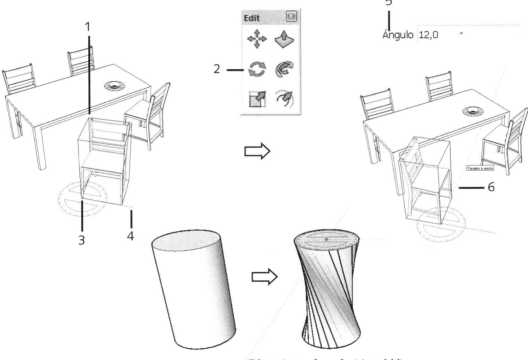

Efecto **Autoplegado** (*Autofold*)

> **OBS** Cuando selecciona una línea o cara de un volumen y ejecuta el comando de rotar, el SketchUp rota dicho objeto y, para mantenerlo unido a los otros, crea nuevas caras y líneas, con un efecto que se llama **Autoplegado** (*Autofold*).

cómo mover un objeto

1. Seleccione el objeto (una línea, una cara o un volumen).

2. En la barra **Edit**, seleccione la herramienta **Mover** (*Move*).

3. Haga clic en algún punto del dibujo para moverlo (el punto de movimiento no precisa estar en el objeto seleccionado).

4. Mueva el cursor para indicar el sentido del movimiento.

5. Si quiere, escriba un valor en la caja **Medidas** y pulse **Intro** (*Enter*), finalizando el movimiento del objeto.

6. Si no escribió ningún valor, haga clic cuando quiera terminar el movimiento.

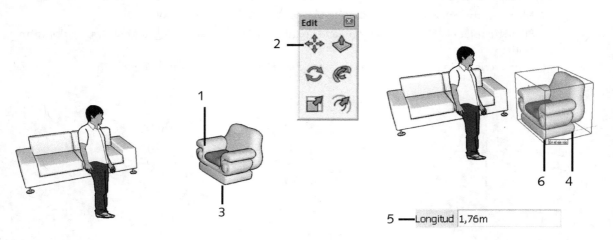

OBS Si selecciona líneas y/o caras de un volumen, pulse la tecla Alt y use la herramienta **Mover** (*Move*), el SketchUp creará nuevas líneas y/o caras en cualquier dirección. El SketchUp da a ese recurso el nombre de **Autoplegado** (*Autofold*).

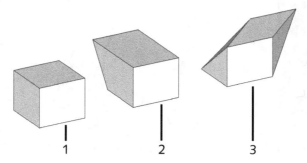

En **1**, tenemos un cubo sin modificación. El efecto del movimiento normal de una línea en un cubo se ve en **2**. La línea se mueve en el mismo plano en que fue creada.

En **3**, vemos que, con la tecla Alt presionada, conseguimos el efecto **Autoplegado** (*Autofold*), que permite mover la línea más allá de su plano de creación inicial.

para escalar un objeto

1. Seleccione el objeto (una cara o un volumen).

2. En la barra **Edit**, seleccione la herramienta **Escala** (*Scale*).

3. Aparecerán varios puntos de control. Cada uno de ellos escala el objeto de una manera diferente. Haga clic en uno de los puntos de control y mueva el cursor.

4. Si quiere, escriba un factor de escala en la caja **Medidas** y pulse **Intro** (*Enter*) para finalizar el mando de escala.

5. Si no escribió ningún valor, haga clic cuando quiera terminar el mando.

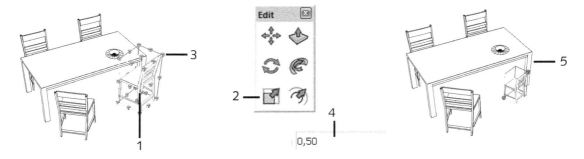

OBS Cuando ejecuta el mando **Escala** (*Scale*), el SketchUp puede crear nuevas caras y líneas con el **Autoplegado** (*Autofold*), cuando sea necesario.

cómo reflejar un objeto

1. Seleccione el objeto (una cara o un volumen).

2. En la barra **Edit**, seleccione la herramienta **Escala** (*Scale*).

3. Aparecerán varios puntos de control. Haga clic en uno de los puntos centrales de control y mueva el cursor.

4. Escriba el número **-1** en la caja **Medidas** y pulse **Intro** (*Enter*), finalizando el reflejo.

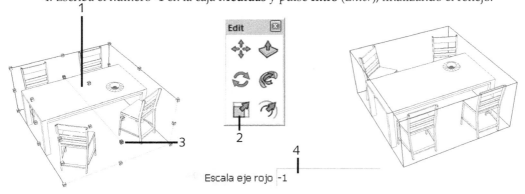

OBS No es posible hacer una operación de reflejo y mantener una copia del objeto en el lugar inicial. Tampoco es posible usar una línea de referencia externa al objeto para reflejar, como en otros programas de dibujo.

para escalar todo el proyecto

Este procedimiento es muy útil cuando el proyecto se hizo sin usar medidas, porque escala todos los elementos del diseño al tamaño correcto.

1. En la barra **Construction**, seleccione la herramienta **Medir** (*Tape Measure*).

2. Haga clic en el primer punto que desea tener como referencia.

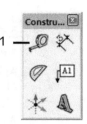

3. Haga clic en otro punto de referencia.

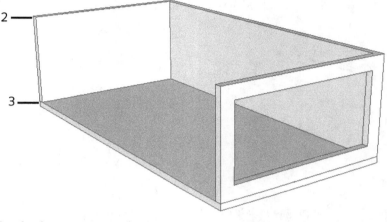

4. En la caja **Medidas**, escriba el valor correcto y pulse **Intro** (*Enter*).

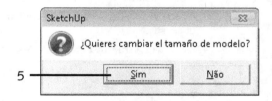

5. Una ventana aparece en la pantalla, para que confirme la operación. Haga clic en **Sí**.

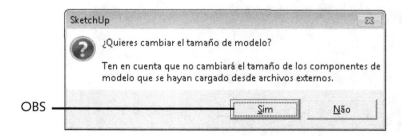

> **OBS** Si en su proyecto existen componentes importados por la ventana **Componentes** (*Components*), una ventana se abrirá, avisando que ellos no serán escalados. En este caso, haga clic en **Sí** para continuar escalando el modelo.

para crear nuevos objetos con la herramienta Equidistancia (Offset)

1. En la barra **Edit**, seleccione la herramienta **Equidistancia** (*Offset*).

2. Mueva el cursor sobre la cara deseada y haga clic.

3. Mueva el cursor para indicar la distancia de creación del nuevo objeto.

4. Si quiere determinar una medida, escríbala en la caja **Medidas** y pulse **Intro** (*Enter*).

5. Si no escribió ninguna medida, haga clic cuando el nuevo objeto esté en la posición deseada.

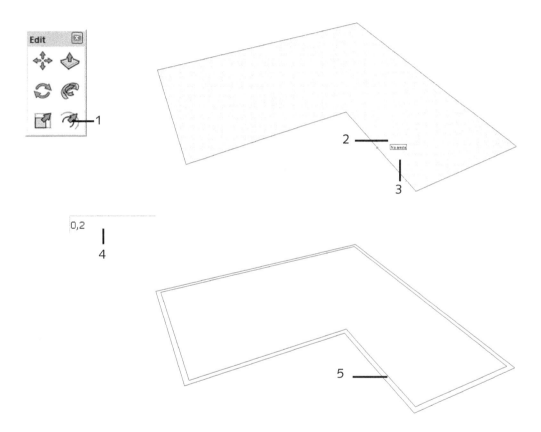

2.2 Técnicas de duplicación

Los comandos de duplicar del SketchUp son bastante parecidos a los usados en otros programas. La diferencia principal está en la manera original de conseguir varias copias de un mismo objeto.

duplicación simple

1. Seleccione el objeto (una línea, una cara o un volumen).

2. Vaya al menú **Edición/Copiar** (*Edit/Copy*).

3. Vaya al menú **Edición/Pegar** (*Edit/Paste*).

4. Automáticamente el objeto copiado aparece en la punta del cursor. Haga clic para colocarlo en la posición deseada.

duplicación por movimiento del ratón

1. Seleccione el objeto (una línea, una cara o un volumen).

2. En la barra **Edit**, seleccione la herramienta **Mover** (*Move*).

3. Pulse y suelte la tecla **Ctrl** y haga clic en algún punto del diseño para duplicarlo (el punto de duplicación no necesita estar en el objeto seleccionado).

4. Mueva el cursor para indicar el sentido de duplicación.

5. Si quiere duplicar con distancia exacta, escriba un valor en la caja **Medidas** y pulse **Intro** (*Enter*) para terminar de duplicar el objeto.

6. Si no escribió ningún valor, haga un clic cuando quiera terminar de duplicar.

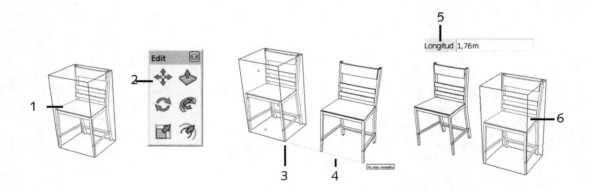

duplicación en el mismo lugar

1. Seleccione el objeto (sólo funciona con grupos o componentes).

2. Vaya al menú **Edición/Copiar** (*Edit/Copy*).

3. Vaya al menú **Edición/Pegar en su sitio** (*Edit/Paste in Place*).

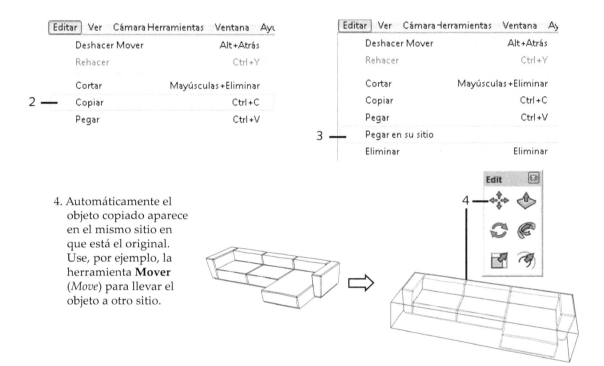

4. Automáticamente el objeto copiado aparece en el mismo sitio en que está el original. Use, por ejemplo, la herramienta **Mover** (*Move*) para llevar el objeto a otro sitio.

duplicación repetida y lineal de un objeto

1. Seleccione el objeto (una línea, una cara o un volumen).

2. En la barra **Edit**, seleccione la herramienta **Mover** (*Move*).

3. Pulse y suelte la tecla **Ctrl** y haga clic en algún punto del dibujo para duplicarlo (el punto de duplicación no necesita estar en el objeto seleccionado).

4. Mueva el cursor para indicar el sentido de duplicación.

5. Si quiere duplicar con una distancia exacta, escriba un valor en la caja **Medidas** y pulse **Intro** (*Enter*), finalizando la duplicación del objeto.

6. Si no escribió ningún valor, haga un clic cuando quiera terminar de duplicar.

7. Para hacer las copias con el mismo espacio dado entre los dos primeros objetos, escriba en la caja **Medidas**: *n° de copias (por ejemplo, ***8**).

8. Para poner un determinado número de copias entre los dos primeros objetos, escriba en la caja **Medidas**: /n° de copias (por ejemplo,/**8**).

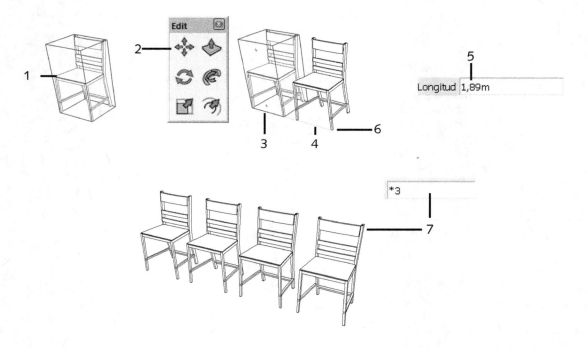

duplicación repetida y rotada de un objeto

1. Seleccione el objeto (una línea, una cara o un volumen).

2. En la barra **Edit**, seleccione la herramienta **Rotar** (*Rotate*).

3. Pulse y suelte la tecla **Ctrl** y haga clic en algún punto del diseño para duplicarlo (el punto de duplicación no necesita estar en el objeto seleccionado).

4. Mueva el cursor para indicar el eje de duplicación y haga clic.

5. Si quiere rotar con una distancia exacta, escriba un valor en la caja **Medidas** y pulse **Intro** (*Enter*), finalizando la rotación de la copia del objeto.

6. Si no escribió ningún valor, haga un clic cuando quiera terminar la rotación.

7. Para hacer las copias con la misma angulación dada entre los dos primeros objetos, escriba en la caja **Medidas: *n° de copias** (por ejemplo, *8).

8. Para poner un determinado número de copias entre los dos primeros objetos, escriba en la caja **Medidas: /n° de copias** (por ejemplo, /8).

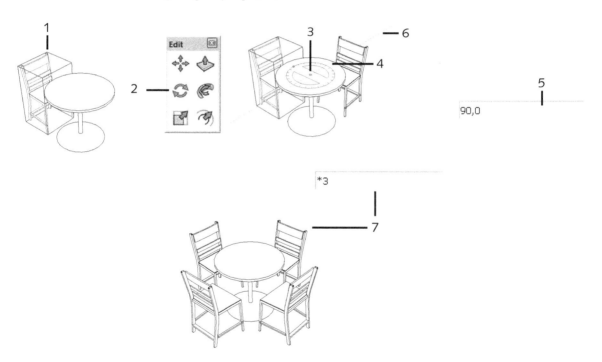

2.3 Creación y edición avanzada de objetos

Los comandos presentados a seguir dependen de la existencia de otros objetos. Como resultado, pueden producir nuevos objetos.

cómo dividir líneas (Divide)

1. Seleccione la línea que será dividida.

2. Haga clic con el botón derecho y elija la opción **Dividir** (*Divide*).

3. Escriba en la caja **Medidas** el número de divisiones deseadas y pulse **Intro** (*Enter*).

4. Si no escribió ningún valor, mueva el cursor sobre la línea a ser dividida. Aparecerán cuadrados rojos, indicando cuántas divisiones habrá. Haga clic para confirmar.

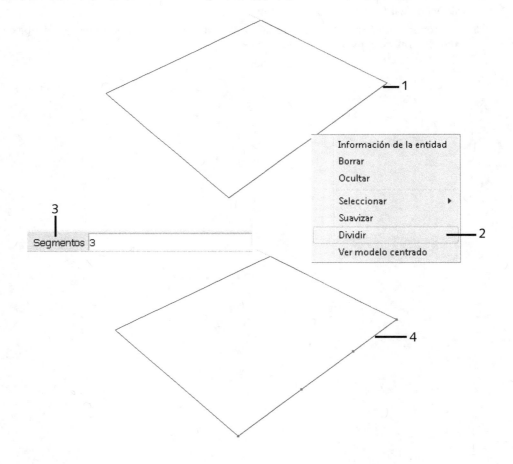

cómo crear un volumen a partir de un perfil y un camino con el Sígueme (Follow Me)

1. Diseñe o use un objeto que esté posicionado perpendicularmente a la línea de inicio del objeto a ser creado. Este objeto será la referencia del perfil.

2. Seleccione todas las líneas (pueden ser los bordes de un polígono) que serán usados como referencia para la creación del volumen.

3. En la barra **Edit**, haga clic en la herramienta **Sígueme** (*Follow Me*).

4. Haga clic sobre la cara del objeto perfil.

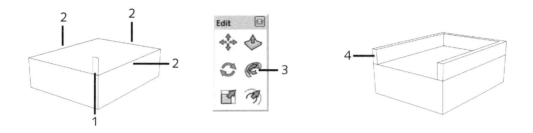

cómo cortar un volumen usando el Sígueme (Follow Me)

1. Diseñe el perfil que será retirado directamente de una de las caras del objeto.

2. Identifique en su proyecto los bordes del objeto que serán cortados.

3. En la barra **Edit**, haga clic en la herramienta **Sígueme** (*Follow Me*).

4. Haga clic sobre la cara a ser retirada.

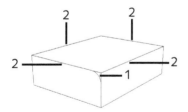
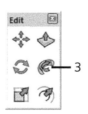
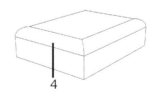

cómo editar o crear nuevos volúmenes a partir de otros con Intersecar (Intersect)

1. Cree dos o más objetos 3D que se intersecan. Selecciónelos y haga clic con el botón derecho del ratón. Elija la opción **Intersecar caras/Con la selección** (*Intersect Faces/With Selected*).

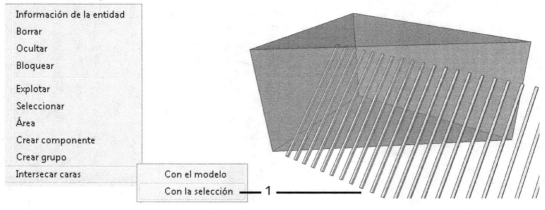

2. Para ver el resultado, borre las caras de los objetos originales. Notará que nuevas caras fueron creadas en el cruce de los volúmenes.

> **OBS** La opción **Intersecar caras/Con el modelo** (*Intersect Faces/With Model*) hace la intersección del objeto seleccionado con todos los otros que lo tocan, seleccionados o no.

2.4 Dibujo de tejados

Para dibujar un tejado, necesitará un dibujo de éste en planta. Para erguirlo, usará la herramienta **Mover** (*Move*). Consigue crear prácticamente cualquier tejado con esta técnica.

cómo crear un tejado

1. Cree el dibujo del tejado en planta.
2. Seleccione los puntos y/o líneas del tejado que estarán en la cima (o sea, los que representan el caballete).
3. En la barra **Edit**, haga clic en la herramienta **Mover** (*Move*).
4. Mueva el cursor para dar la altura del tejado y haga clic para terminar.
5. Si quiere definir un valor exacto para la altura, escriba una medida en la caja **Medidas** y pulse **Intro** (*Enter*), finalizando el movimiento del caballete.

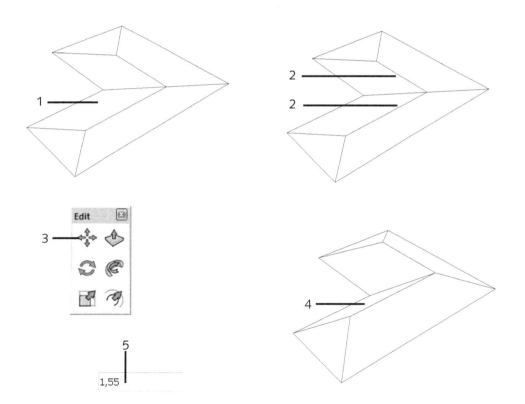

OBS Puede utilizar la geometría como referencia para construir una estrutura completa de techo. Para ello recomendamos descargar una extension libre que se llama 1001bit Standard. Entre un montón de buenas herramientas, encontrará algunas más avanzadas para la creación de una estructura completa del techo. Visite el **http://www.1001bit.com**. Por ahora, no está disponible en la Galería de Extensiones.

2.5 Colocando textos en 3D

El SketchUp cuenta con una herramienta que convierte cualquier texto en un diseño 3D, que puede situarse en cualquier posición en el proyecto. El texto convertido en 3D constituye un grupo de líneas y caras y podrá usar herramientas como el **Empujar/tirar** (*Push/Pull*) y el **Sígueme** (*Follow Me*), entre otras.

para transformar un texto en dibujo 3D

1. En la barra **Construction**, haga clic en la herramienta **Texto 3D** (*3D Text*).

2. Configure las opciones:

   a. Escriba aquí el texto que quiere que sea convertido;
   b. Elija la fuente y el estilo que usará;
   c. En el campo **Alinear** (*Align*), elija la alineación del texto con relación al cursor, luego que dé **Situar** (*Place*);
   d. Defina, en **Altura** (*Height*), la altura del cuerpo medio del texto;
   e. Indique si el texto tendrá caras (**Relleno** (*Form Filled*)) y si éstas serán extruidas (**Extruido** (*Extruded*)).
3. Haga clic en **Situar** (*Place*).

4. Mueva el cursor sobre el diseño para elegir la posición del texto. Haga clic para finalizar.

2.6 Ayuda para el dibujo

Los auxiliares de dibujo son elementos que facilitan la creación de objetos. Hay auxiliares llamados **Inferencias** (*Inferences*), que son datos que aparecen en la pantalla, indicando centros, extremos de líneas y cantos de objetos; existen las **líneas guía** (*Guides*) y **puntos guía** (*Guide Points*), que permiten construir objetos distantes uno del otro o en sentidos diferentes del usual; y también los mismos **Ejes** de dibujo, que pueden modificarse de acuerdo con su conveniencia.

cómo entender las Inferencias (Inferences) del SketchUp

Las **Inferencias** (*Inferences*), datos de pantalla, existen para indicar puntos geométricos importantes (centros, extremos, alineaciones en general) de objetos de manera fácil e intuitiva. Para que un dato aparezca, basta poner el cursor sobre el sitio deseado (por ejemplo, si mueve el cursor cerca del centro de una línea, el dato **Punto medio** (*Midpoint*) aparecerá). Los datos de pantalla se pueden dividir en **inferencias de punto** (*Point Inferences*) e **inferencias de líneas** (*Linear Inferences*).

Inferencias de punto (*Point Inferences*):

1. **Punto final** (*Endpoint*): Al pasar el cursor sobre el final de una línea o un arco, el dato **Punto final** (*Endpoint*) aparecerá al lado de un círculo verde.

2. **Punto medio** (*Midpoint*): Al pasar el cursor en el medio de una línea o borde de un polígono, el dato **Punto medio** (*Midpoint*) aparecerá al lado de un círculo cian.

3. **En la arista** (*On Edge*): Al pasar el cursor en el borde de un objeto, el dato **En la arista** (*On Edge*) aparecerá al lado de un círculo rojo.

4. **En la cara** (*On Face*): Al pasar el cursor sobre la cara de un objeto, el dato **En la cara** (*On Face*) aparecerá al lado de un círculo azul.

5. **Semicircunferencia** (*Half Circle*): Este dato aparece cuando, al hacer un arco, aproxima la curvatura a una semicircunferencia.

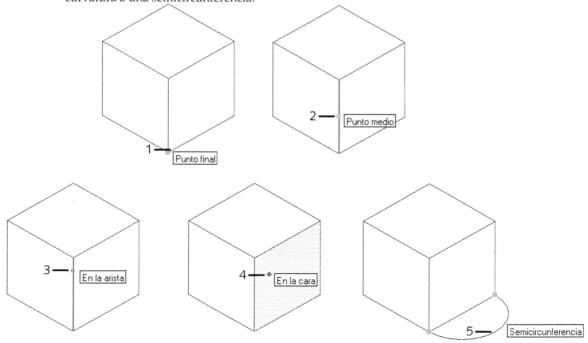

Inferencias de Líneas (*Linear Inferences*):

1. **En el Ejes** (*On Axis*): Al hacer una línea y moverla por el espacio, el dato **En el Eje** (*On Axis*) aparecerá cuando su línea esté orientada hacia uno de los ejes del diseño. Una línea de color surgirá junto con el texto, y el color depende del eje presentado.

2. **Desde el punto** (*From Point*): Si pasa el cursor sobre un punto y lo aleja en dirección a un eje, el dato **Desde el punto** (*From Point*) aparecerá. Una línea de color y discontinua surgirá junto con el texto, y el color depende del eje presentado.

3. **Perpendicular a la arista** (*Perpendicular to Edge*): Este dato aparece en forma de una línea magenta, cuando quiere dibujar una línea perpendicular al borde de un objeto.

4. **Paralelo a la arista** (*Parallel to Edge*): También aparece como una línea magenta, cuando dibuja una línea paralela al borde de un objeto.

5. **Tangente en el vértice** (*Tangent at vertex*): Este dato aparece cuando hace un arco que empieza en la punta de otro arco. Cuando el segundo arco esté tangente al primero, el dato **Tangente en el vértice** (*Tangent at vertex*) aparecerá.

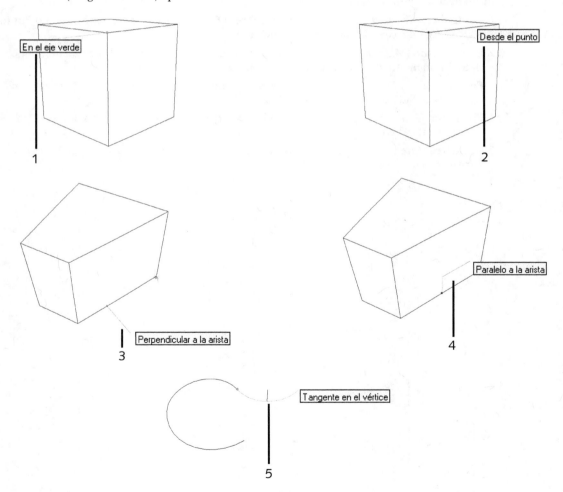

cómo y para qué crear líneas guía y puntos guía (guides y guide points)

Ciertos tipos de objetos son muy difíciles, a veces imposible, de ser creados usando tan solo las herramientas tradicionales del SketchUp. Los guías son elementos de diseño que ayudan a crear varios objetos, y que pueden desaparecer temporalmente, o incluso ser borrados, sin interferir en el proyecto.

Punto guía (*Guide Point*):

1. En la barra **Construction**, seleccione la herramienta **Medir** (*Tape Measure*).

2. Haga clic en un canto (encuentro de líneas) de un objeto.

3. Mueva el cursor para indicar el sentido de creación del punto guía.

4. Si quiere indicar una distancia exacta, escriba un valor en la caja **Medidas** y pulse **Intro** (*Enter*) para finalizar la colocación del punto.

5. Si no escribió ningún valor, haga clic cuando quiera terminar de insertar el punto-guía. Observe que el SketchUp dibuja una línea discontinua que también puede ser usada como guía.

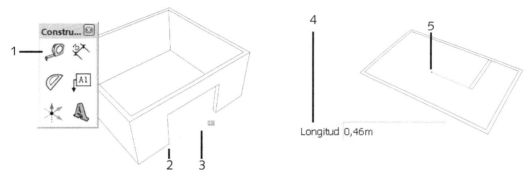

Guía (*Guide*) paralela a un borde (línea) de un objeto:

1. En la barra **Construction**, seleccione la herramienta **Medir** (*Tape Measure*).

2. Haga clic en un borde (línea) de un objeto.

3. Mueva el cursor perpendicularmente al borde para indicar la distancia de creación del guía.

4. Si quiere indicar una distancia exacta, escriba un valor en la caja **Medidas** y pulse **Intro** (*Enter*) para finaliza la línea.

5. Si no escribió ningún valor, haga clic cuando quiera terminar de insertar el guía. Observe que el SketchUp dibuja una línea discontinua de longitud infinita.

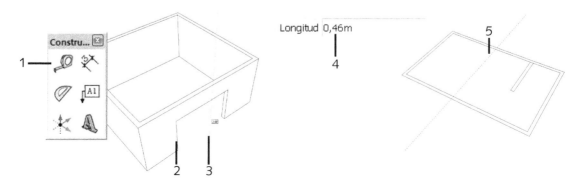

Guía (*Guide*) angular en relación con un objeto:

1. En la barra **Construction**, seleccione la herramienta **Transportador** (*Protractor*).

2. Haga clic en algún punto del dibujo. Puede ser un canto, un borde, un punto en una cara o incluso un lugar donde no hay ningún objeto.

3. Mueva el cursor para indicar el ángulo de creación de la línea de construcción.

4. Si quiere indicar un ángulo exacto, escriba un valor en la caja **Medidas** y pulse **Intro** (*Enter*) para finalizar la colocación de la línea.

5. Si no escribió ningún valor, haga clic cuando quiera termine de insertar el guía. Perciba que el SketchUp dibuja una línea discontinua de longitud infinita.

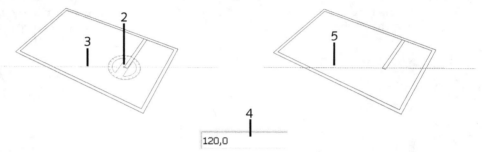

cómo forzar una dirección para dibujar más rápido

Puede dibujar más rápido, si durante el dibujo "fuerza" la dirección del trazo acompañando cualquiera de los ejes. Haga la siguiente experiencia:

1. En la barra **Drawing**, seleccione la herramienta **Línea** (*Line*).

2. Haga clic en el punto de inicio de la línea y mueva el cursor en cualquier dirección.

3. Si pulsa la tecla **hacia la izquierda**, la línea saldrá forzada en la dirección roja.

4. Si pulsa la tecla **hacia la derecha**, la línea saldrá forzada en la dirección verde.

5. Si pulsa la tecla **hacia arriba o hacia abajo**, la línea saldrá forzada en la dirección azul.

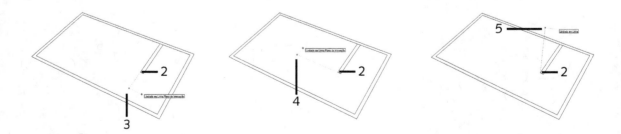

cómo usar los ejes del SketchUp

Si necesita dibujar muchos objetos que están alineados a un plano distinto del plano de trabajo original (o plano de suelo), use la herramienta **Ejes** (*Axes*) para cambiar el sentido del plano de trabajo y dibujar más fácilmente. Cuando quiera, es fácil volver el plano de trabajo a la posición inicial.

1. En la barra **Construction**, seleccione la herramienta **Ejes** (*Axes*).

2. Mueva el cursor para indicar el punto de origen del nuevo plano del trabajo. Haga clic para confirmar.

3. Mueva el cursor para indicar la dirección del eje rojo. Haga clic para confirmar.

4. Mueva el cursor para indicar la dirección del eje verde. Haga clic para confirmar.

5. El nuevo plano del trabajo fue definido, y el eje azul aparece en sentido perpendicular a los otros dos.

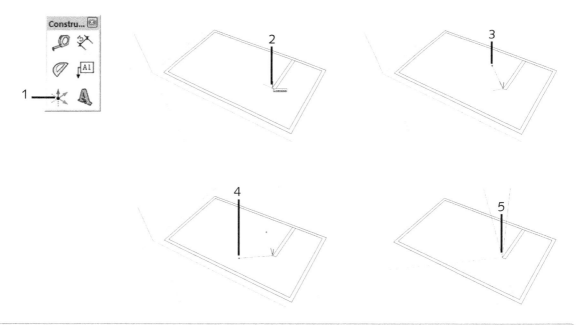

OBS Para volver el plano de trabajo a su posición inicial, haga clic con el botón derecho sobre uno de los ejes y elija **Reiniciar** (*Reset*).

2.7 Cortando objetos

Algunos objetos tridimensionales son más fácilmente comprendidos cuando cortados. El SketchUp posee una manera muy sencilla, práctica y elegante de mostrarlos, con una herramienta llamada **Plano de sección** (*Section Plane*).

para colocar un plano de sección

1. En la barra **Sections**, seleccione la herramienta **Plano de sección** (*Section Plane*).

2. Un plano de sección (presentado como un cuadrado verde) aparecerá. Muévalo y note cómo él se adhiere a las caras de los objetos.

3. Cuando el plano de corte esté alineado como desea, haga clic para confirmar.

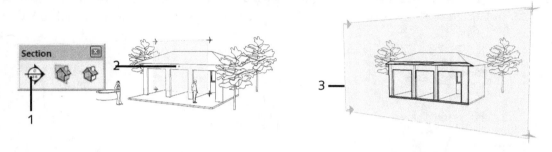

para mover el plano de sección

1. Seleccione el plano de sección.

2. En la barra **Edit**, seleccione la herramienta **Mover** (*Move*).

3. Haga clic en algún punto del dibujo para moverlo (el punto de desplazamiento no necesita estar en el plano de sección).

4. Mueva el cursor para indicar el sentido del desplazamiento.

5. Si quiere, escriba un valor en la caja **Medidas** y pulse **Intro** (*Enter*), finalizando el movimiento.

6. Si no escribió ningún valor, haga clic cuando quiera terminar el movimiento.

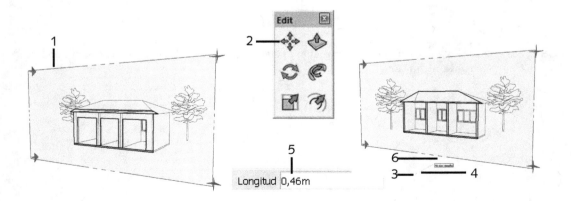

para rotar el plano de sección

1. Seleccione el plano de sección.

2. En la barra **Edit**, seleccione la herramienta **Rotar** (*Rotate*).

3. Haga clic en el punto que será el centro del eje de rotación (este centro no debe estar en el plano de sección).

4. Mueva el cursor para indicar el giro del eje de rotación.

5. Si quiere, escriba un valor en la caja **Medidas** y pulse **Intro** (*Enter*), finalizando la rotación del plano de sección.

6. Si no escribió ningún valor, haga clic cuando el giro sea el deseado.

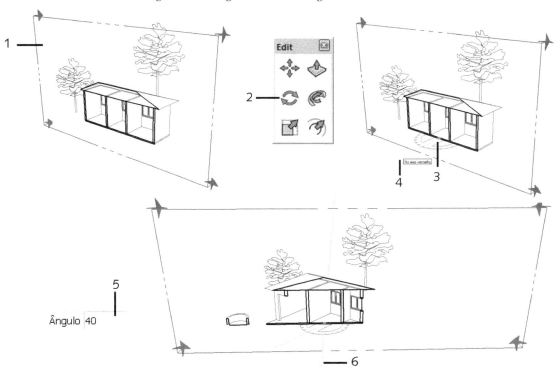

otras opciones interesantes

1. Para mostrar u ocultar un plano de sección, selecciónelo y vaya al menú **Ver/Planos de sección** (*View/Section Planes*).

2. Para mostrar u ocultar la parte cortada del objeto, selecciónela y vaya al menú **Ver/ Cortes de sección** (*View/Section Cuts*).

3. Para cambiar el sentido del plano de sección, haga clic con el botón derecho del ratón sobre el plano y elija **Invertir** (*Reverse*).

4. Haga clic con el botón derecho sobre el plano de sección y use el comando **Alinear la vista** (*Align View*). De esa forma, el SketchUp sitúa al observador perpendicularmente al plano de corte.

5. Si quiere hacer un nuevo diseño a partir de las líneas resultantes del plano de sección, haga clic con el botón derecho y elija **Crear grupo del corte** (*Create Group from Slice*). A seguir, mueva el grupo recién creado a otro sitio y continúe dibujando a partir de ahí.

2.8 Acotaciones y anotaciones

Aunque no es un programa orientado a la documentación ejecutiva de proyecto, el SketchUp tiene buenas herramientas de registro de medidas y anotaciones. Esos marcadores tienen la propiedad de flotar en el espacio, siguiendo el objeto, característica que generalmente sólo se encuentra en programas CAD más elaborados.

para acotar un objeto

1. En la barra **Construction**, seleccione la herramienta **Acotación** (*Dimension*).

2. Mueva el cursor sobre la línea que quiera medir.

3. Haga clic y enseguida mueva el cursor para indicar la distancia y dirección de creación de la línea de acotación.

4. Si quiere indicar una distancia exacta, escriba una medida en la caja **Medidas** y pulse **Intro** (*Enter*) para finalizar la posición de la acotación.

5. Si no escribió ninguna medida, haga clic cuando quiera terminar de insertar la línea de acotación.

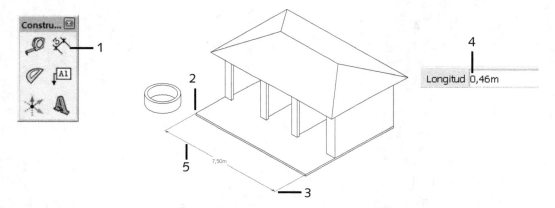

> **OBS** Para cambiar las características del texto de la cota, vaya al menú **Ventana/Información del modelo/Dimensiones** (*Window/Model Info/Dimensions*). Vea más sobre esto en la página **253**.

cómo editar una acotación

1. Seleccione la acotación que quiere editar (**a**), haga clic con el botón derecho del ratón y escoja la **Información de la entidad** (*Entity Info*) (**b**).

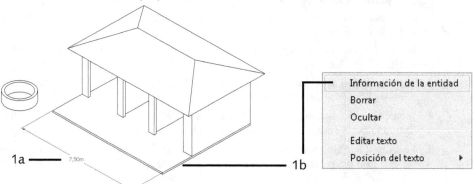

2. En la ventana que se abre, ajuste las opciones a
seguir:

a. Haga clic en este botón para elegir el color de la
acotación;

b. **Alinear a la pantalla** (*Align to screen*): Esa
opción permite que el texto de su acotación
aparezca siempre de frente al observador;

c. **Alinear a acotación** (*Align to dimension*):
Haga clic en esta opción para hacer que el texto
quede alineado a la acotación, de acuerdo con su
posición en el diseño;

d. **Oculta** (*Hidden*): Oculta la acotación, que
solamente podrá ser mostrada nuevamente si
usa el menú **Ver/Geometría oculta** (*View/Hidden
Geometry*);

e. **Capa** (*Layer*): Elija cual es la capa de la
acotación;

f. **Cambiar fuente...** (*Change Font...*): Haga clic en este botón para abrir la ventana de configuración
de la fuente de la cota;

g. **Posición del texto** (*Text Position*): Elija si el texto será centrado o puesto al lado de la acotación
(izquierda o derecha);

h. **Puntos finales** (*Endpoints*): Haga clic para elegir la apariencia de los puntos que indican los
límites de la acotación.

3. Después de hacer los ajustes, cierre la ventana.

OBS Para modificar los estándares de inserción de anotaciones del SketchUp, vaya a **Ventana/
Información del modelo/Dimensiones** (*Window/Model Info/Dimension*). Vea más en la página **253**.

---

colocando anotaciones en el proyecto

1. En la barra **Construction**, seleccione la herramienta **Texto** (*Text*).

2. Haga clic en el punto, línea o cara que quiera anotar.

3. Mueva el cursor para posicionar el
texto en el dibujo.

4. Haga clic para
finalizar.

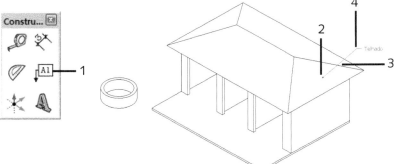

OBS1 Si hizo clic en un punto, el SketchUp pone automáticamente las coordenadas del punto. Si fue en
una línea, se muestra la longitud. Si fue en una cara, se muestra la superficie.

OBS2 Si hace clic en una superficie vacía del dibujo, el SketchUp coloca un texto suelto, sin conexión con
ningún objeto.

cómo editar una anotación

1. Seleccione la anotación que quiere editar (**a**), haga clic con el botón derecho del ratón y elija **Información de la entidad** (*Entity Info*) (**b**).

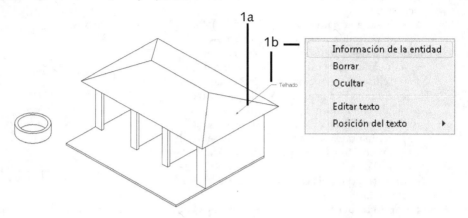

2. En la ventana que se abre, ajuste las opciones a seguir:

a. Haga clic en este botón para elegir el color de la anotación;

b. **Texto** (*Text*): Escriba el texto que va a aparecer como anotación;

c. **Flecha** (*Arrow*): Elija el tipo de flecha que señala el objeto anotado;

d. **Guía** (*Leader*): Configura si la línea de la anotación sigue la vista del observador (**Basada en la vista** (*View based*)) o si ella se entiende como un objeto del dibujo (**Alfiler** (*Pushpin*));

e. **Oculta** (*Hidden*): Oculta la línea de la anotación, que solamente podrá ser mostrada nuevamente si usa el menú **Ver/Geometría oculta** (*View/Hidden Geometry*);

f. **Capa** (*Layer*): Elija la capa de la acotación;

g. **Cambiar fuente...** (*Change Font...*): Haga clic en este botón para abrir la ventana de configuración de la fuente de la acotación.

3. Después de hacer los ajustes, cierre la ventana, si quiere.

OBS Para cambiar los estándares para insertar anotaciones del SketchUp, vaya a **Ventana/Información del modelo/Dimensiones** (*Window/Model Info/Dimensions*). Vea más en la página **253**.

Destaques de este capítulo

Duplicación

duplicación simple (pág. 48)

Seleccione el objeto y vaya al menú **Edición/Copiar** (*Edit/Copy*); después, vaya al menú **Edición/Pegar** (*Edit/Paste*); el objeto copiado aparece en la punta del cursor. Haga clic para colocarlo en la posición deseada.

duplicación por movimiento del ratón (pág. 48)

Seleccione el objeto y, en la barra **Edit**, elija la herramienta **Mover** (*Move*); pulse y suelte la tecla **Ctrl** y haga clic en algún punto del dibujo para duplicarlo; mueva el cursor para indicar el sentido de duplicación; haga clic cuando quiera terminar la duplicación.

duplicación repetida y lineal de un objeto (pág. 50)

Seleccione el objeto y, en la barra **Edit**, elija la herramienta **Mover** (*Move*); pulse y suelte la tecla **Ctrl** y haga clic en algún punto del dibujo para duplicarlo: mueva el cursor para indicar el sentido y haga clic cuando quiera terminar la duplicación; para hacer las copias con el mismo espacio dado entre los dos primeros objetos, escriba en la caja **Medidas: *n° de copias** (por ejemplo, **8**).

duplicación repetida y rotada de un objeto (pág. 51)

Seleccione el objeto y, en la barra **Edit**, seleccione la herramienta **Rotar** (*Rotate*); pulse y suelte la tecla **Ctrl** y haga clic en algún punto del dibujo para duplicarlo; mueva el cursor para indicar el eje de duplicación y haga clic; otra vez haga clic cuando quiera terminar de rotar para hacer copias con la misma angulación dada entre los dos primeros objetos, escriba en la caja **Medidas: *n° de copias** (por ejemplo, **8**).

Cómo dividir líneas (Divide) (pág. 52)

Seleccione la línea que será dividida, haga clic con el botón derecho y elija la opción **Dividir** (*Divide*); escriba en la caja **Medidas** el número de divisiones deseado y tecle **Intro** (*Enter*).

Crear un volumen a partir de un perfil y un camino con el Sígueme (pág. 53)

Dibuje o use un objeto que esté posicionado perpendicularmente a la línea de inicio del objeto a ser creado. Este objeto será la referencia del perfil; haga clic en la herramienta **Sígueme** (*Follow Me*), en el menú **Edición** (*Edit*), y haga clic sobre la cara del objeto-perfil. Después, mueva el cursor sobre la línea inicial y, enseguida, sobre las otras líneas que forman la secuencia. Haga un clic para finalizar.

Nuevos volúmenes usando Intersecar (pág. 54)

Cree dos objetos 3D que se intersecan. Selecciónelos y haga clic con el botón derecho del ratón. Escoja la opción **Intersecar caras/Con la selección** (*Intersect Faces/With Selection*). Para ver el resultado, elimine las caras de los objetos originales. Notará que nuevas caras fueron creadas en el cruce de los volúmenes.

Dibujo de tejados (pág. 55)

Para dibujar un tejado, va a necesitar un dibujo de éste en planta. Para erguirlo, usará la herramienta **Mover** (*Move*). Consigue crear prácticamente cualquier tejado con esta técnica.

Colocando textos en 3D (pág. 56)

El SketchUp dispone de una herramienta que convierte cualquier texto en un diseño 3D, que puede ser colocado en cualquier posición en el proyecto. El texto convertido en 3D se vuelve un grupo de líneas y caras y podrá usar herramientas como el **Empujar/tirar** (*Push/Pull*) y el **Sígueme** (*Follow Me*), entre otras.

Guías (pág. 59)

Las guías son elementos de diseño que ayudan a crear varios objetos y que pueden desaparecer temporalmente, o incluso ser borradas, sin interferir en el proyecto.

Cortando objetos

colocar un plano de sección (pág. 62)

En la barra **Sections**, seleccione la herramienta plano de sección; un plano de sección aparecerá. Muévalo y note como se adhiere a las caras de los objetos; cuando el plano de sección esté alineado como desea, haga clic para confirmar.

para mover el plano de sección (pág. 62)

Seleccione el plano de sección; en la barra **Edit**, haga clic en la herramienta **Mover** (*Move*); haga clic en algún punto del diseño para moverlo y mueva el cursor para indicar el sentido de movimiento; haga clic para terminar.

Acotaciones y anotaciones

para acotar un objeto (pág. 64)

Seleccione la herramienta **Acotación** (*Dimension*) y mueva el cursor sobre la línea que quiera medir; haga clic sobre ella y muévala para indicar la distancia y dirección de creación; haga clic para terminar de insertar la línea de acotación.

colocando anotaciones en el proyecto (pág. 65)

Seleccione la herramienta **Texto** (*Text*) y haga clic en el punto, línea o cara que quiera anotar; mueva el cursor para posicionar el texto en el diseño y haga clic para finalizar.

Actividades propuestas

Ej. 01 – Equidistancia (*Offset*)

1. Abra el archivo **Cap02_Ej01.skp.**

2. Use la herramienta **Equidistancia** (*Offset*), con el valor 0,15m, como mostrado en la *fig. 04*.

3. Use la herramienta **Empujar/tirar** (*Push/Pull*), con el valor de 3m, de acuerdo con la *fig. 05*.

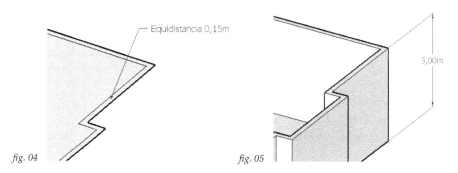

fig. 04   fig. 05

Ej. 02 – Rotar, mover y escalar

1. Abra el archivo **Cap02_Ej02.skp.**

2. Rote la mesa 90° a partir del extremo indicado (*fig. 06*).

3. Mueva la mesa 1,2m, conforme la *fig. 07*.

4. Escale la mesa con el valor 1,5m, de acuerdo con la *fig. 08*.

fig. 06   fig. 07

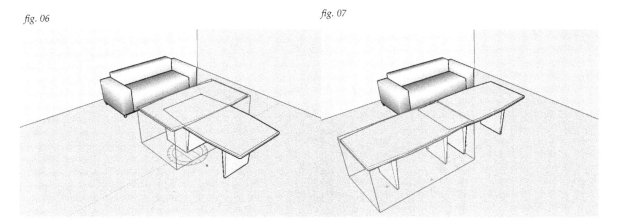

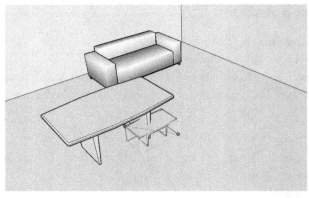

fig. 08

Ej. 03 – Duplicación lineal y rotada

1. Abra el archivo **Cap02_Ej03.skp**.

2. Use la herramienta **Mover** (*Move*) para hacer 3 poltronas más, con distancia de 1,2m (*figs. 09* y *10*).

3. Con la herramienta **Rotar** (*Rotate*), haga 3 sillas más alrededor de la mesa, como muestra la *fig. 11*.

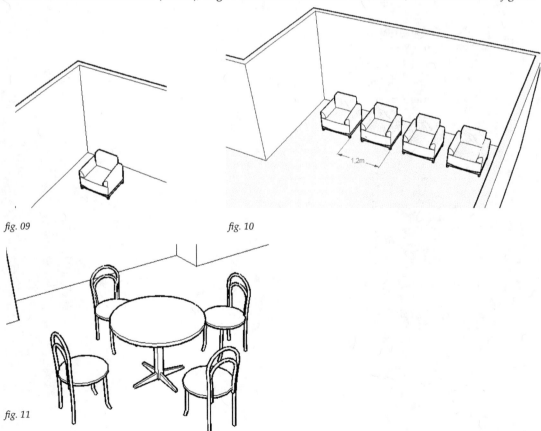

fig. 09   fig. 10

fig. 11

Ej. 04 – Guías, Equidistancia y Empujar/Tirar

1. Abra el archivo **Cap02_Ej04.skp**.

2. Use la herramienta **Medir** (*Tape Measure*) para hacer las guías indicadas en la *fig. 12*.

3. Con la herramienta **Equidistancia** (*Offset*), dibuje la marcación indicada en la pared (*fig. 13*).

4. Use la herramienta **Empujar/tirar** (*Push/Pull*) para crear los vanos de puerta y ventana, y también para crear el estante, con valor de 0,40m (*fig. 14*).

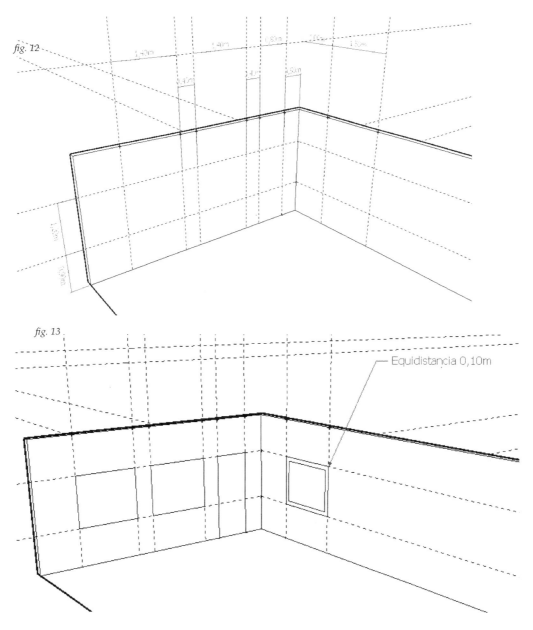

fig. 12

fig. 13

Equidistancia 0,10m

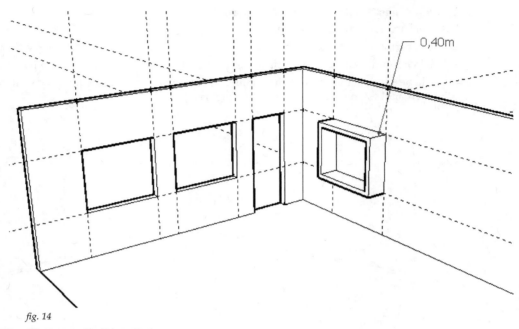

fig. 14

Ej. 05 – Sígueme (Follow Me)

1. Abra el archivo **Cap02_Ej05.skp**.

2. Dibuje el perfil del acabado del forro de acuerdo con la *fig. 15*.

3. Use la herramienta **Sígueme** (*Follow Me*) para crear el acabado, de acuerdo con la *fig. 16*.

4. Con la herramienta **Arco** (*Arc*), dibuje un arco en la cima del estante en la pared (*fig. 17*).

5. Use la herramienta **Sígueme** (*Follow Me*) para redondear todo el estante (*figs. 18* y *19*).

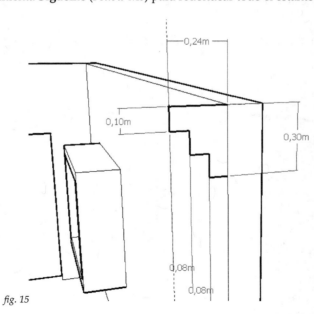

fig. 15

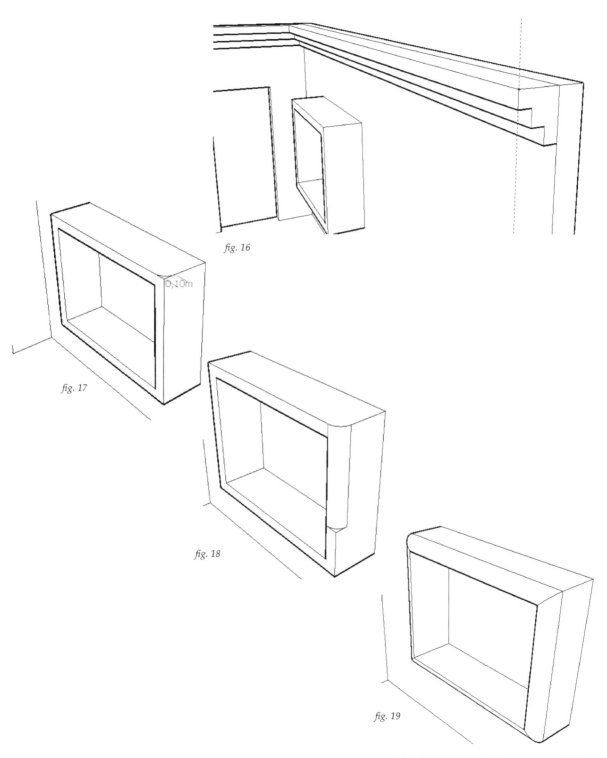

fig. 16

fig. 17

0,10m

fig. 18

fig. 19

Ej. 06 – Acotaciones y textos

1. Abra el archivo **Cap02_Ej06.skp**.

2. Use las herramientas **Acotación** (*Dimension*) y **Texto** (*Text*) para crear las acotaciones y anotaciones de texto indicadas en la *fig. 20*.

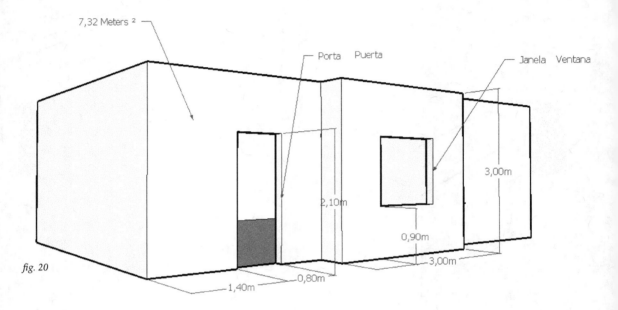

fig. 20

Ej. 07 – Tejado

1. Abra el archivo **Cap02_Ej07.skp**.

2. Use la herramienta **Línea** (*Line*) para crear el diseño del tejado en planta, como visto en la *fig. 21*.

3. Seleccione las líneas que representan el barrilete (aguilón) y levántelas 1,5m con la herramienta **Mover** (*Move*) (*fig. 21b*).

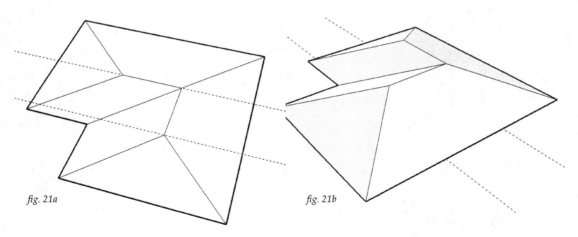

fig. 21a   *fig. 21b*

4. Hacer un grupo de techo para ponerlo en la parte superior de la casa. Alinear la parte posterior de la misma a la parte posterior de la casa. A continuación, mueva el techo de 0,45m de distancia de la casa, en ambas direcciones (*fig. 22*)..

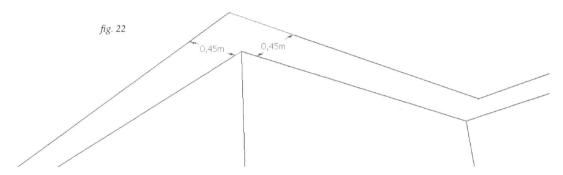

fig. 22

Ej. 08 – Para cortar un proyecto

1. Abra el archivo **Cap02_Ej08.skp.**

2. Use la herramienta plano de sección para crear un plano de sección, de acuerdo con la *fig. 23*.

3. Con la herramienta **Mover** (*Move*), elija la posición de la sección, como se muestra en la *fig. 24*.

4. Si quiere, oculte el plano de sección, desactivando el menú **Ver/Planos de sección** (*View/ Section Planes*).

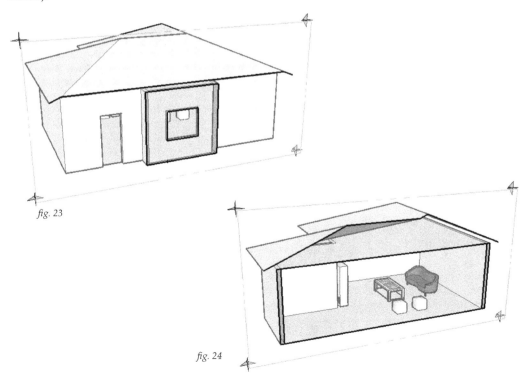

fig. 23

fig. 24

El proyecto ya está hecho, y llegó la hora de mejorar su presentación. Necesito saber cuáles son las mejores técnicas de aplicación de

sombras, colores y texturas

Además de ser un modelador 3D poderoso y fácil de usar, el SketchUp tiene óptimos recursos de presentación de proyecto. Es posible ajustar la proyección de sombras en cualquier horario, configurar colores y transparencias en objetos, aplicar texturas, configurar el estilo de presentación de las líneas y mucho más.

Qué leerá en este capítulo

3.1 Opciones básicas de presentación

3.2 Uso de Estilos

3.3 Colores y materiales (texturas) – versión Windows

3.4 Colores y materiales (texturas) – versión Mac

3.5 Cómo crear objetos con la ayuda de imágenes

3.6 Cómo crear objetos con el **Adaptar fotografía** (*Match Photo*)

3.1 Opciones básicas de presentación

Basta trabajar un poco con el SketchUp para notar su manera especial de presentar los objetos. Aunque no aplique texturas (que veremos más adelante), el resultado de la presentación del SketchUp es de excelente calidad.

los diferentes tipos de presentación

En la barra **Estilo de cara** (*Face Style*), elija entre las presentaciones:

1. **Alambre** (*Wireframe*), donde se muestran todas las líneas de los objetos, como si fuesen hechos de alambre.

2. **Líneas ocultas** (*Hidden Line*), que pinta todas las caras de blanco, ocultando las líneas que no son visibles en la posición actual del observador.

3. **Sólido** (*Shaded*), que presenta las caras con sus colores primarios, además de sombras propias causadas por la posición del sol.

4. **Sólido con texturas** (*Shaded with Textures*), que presenta caras con colores, texturas y sombreado.

5. **Monocromo** (*Monochrome*), similar a la **Líneas Ocultas** (*Hidden Line*), pero usa los colores estándar del SketchUp en la visualización.

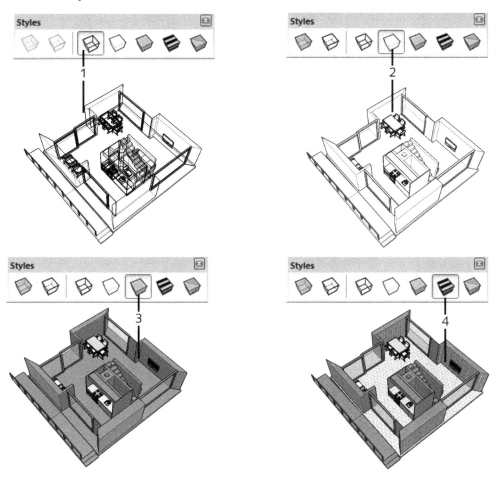

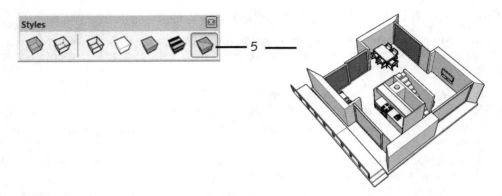

modo Rayos X (X-Ray)

El modo **Rayos X** (*X-ray*) añade un efecto de transparencia a los tipos de presentación citados anteriormente (excepto al modo alambre).

1. En la barra **Estilo de cara** (*Face Style*) haga clic en **Rayos X** (*X-Ray*) y observe el efecto.

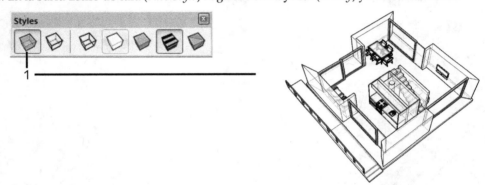

modo Aristas posteriores (Back Edges)

El modo **Aristas posteriores** (*Back Edges*) aplica un efecto puntillado a las aristas ocultas a partir de la vista del observador.

1. En la barra **Estilos** (*Face Style*), haga clic en el botón **Aristas posteriores** (*Back Edges*) y observe el efecto.

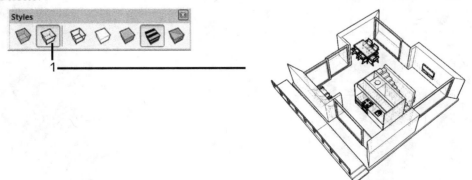

configurar las sombras

1. Vaya al menú **Ventana/Sombras** (*Window/Shadows*).

2. Abra la caja **Mostrar sombras** (*Display shadows*).

3. Elija la hora deseada, en **Hora** (*Time*), usando la barra o escribiendo en el campo al lado.

4. Elija la fecha deseada, en **Fecha** (*Date*), usando la barra o escribiendo en el campo al lado.

5. Regule, en **Luz** (*Light*), la cantidad de luz aplicada directamente en las caras de los objetos.

6. En la barra **Sombra** (*Dark*), regule la intensidad de las sombras proyectadas.

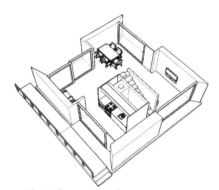

*opción **2** desconectada*

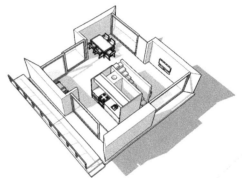

*opción **2** conectada*

configurar la niebla

1. Vaya al menú **Ventana/Niebla** (*Window/Fog*).

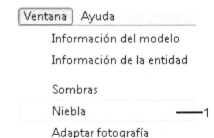

2. Abra la caja **Mostrar Niebla** (*Display Fog*).

3. Regule, en **Distancia** (*Distance*), la distancia a partir de donde la niebla va a empezar (**a**) y la distancia a partir de donde la niebla será total (**b**).

4. Haga clic en el botón indicado para hacer que la niebla tenga el mismo color usado en el fondo (*background*) del proyecto.

5. Desconecte el cuadro indicado en **4** y haga clic en el lugar indicado para elegir un color para la niebla.

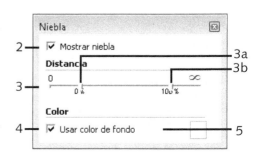

3.2 Uso de Estilos

Además de las configuraciones básicas comentadas en el punto anterior, el SketchUp permite otras modificaciones gráficas en la presentación de su proyecto. Se pueden hacer cambios en el estilo de las líneas, en la presentación de las caras, en la configuración del t y del suelo. También es posible insertar marcas de agua y configurar el estilo de presentación de las herramientas del SketchUp.

Puede hacer todos esos ajustes y guardarlos en un **Estilo** (*Style*). Puede crear varios estilos, o entonces puede usar los que ya vienen con el programa

cómo usar un estilo
1. Vaya al menú **Ventana/Estilos** (*Window/Styles*).
2. Haga clic en la pestaña **Seleccionar** (*Select*).
3. Elija en la barra indicada la carpeta que contiene el estilo que quiere aplicar.
4. Haga clic encima del estilo y observe el resultado.

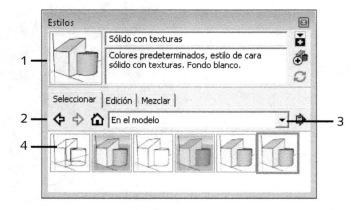

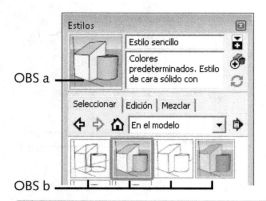

OBS Cada vez que elige un estilo, el SketchUp lo coloca en su archivo. En la ventana **Estilos** (*Styles*), haga clic en el botón de la casilla (**a**), para ver que estilos están en su archivo (**b**).

cómo crear un estilo

1. Vaya al menú **Ventana/Estilos** (*Window/Styles*).

2. Haga clic en la pestaña **Editar** (*Edit*).

3. Haga clic en el ícono indicado para activar las configuraciones de línea, llamadas de **Arista** (*Edge*). Configure las siguientes opciones:

   a. **Aristas** (*Display Edges*): Conecta y desconecta las opciones de realce de borde;

   b. **Aristas posteriores** (Back Edges): Conecta y desconecta la apariencia de aristas ocultas como puntilladas.

   c. **Perfiles** (*Profiles*): Engruesa líneas que separan el modelo del fondo, y también bordes de objetos que, en la posición de cámara actual, no limitan con ningún otro;

   d. **Profundidad** (*Depth cue*): Engruesa las líneas más próximas del observador;

   e. **Extensión** (*Extension*): Aumenta los bordes más allá de sus límites;

   f. **Puntos finales** (*Endpoints*): Engruesa los bordes en sus uniones;

   g. **Alterar** (*Jitter*): Aplica un efecto trémulo a los bordes.

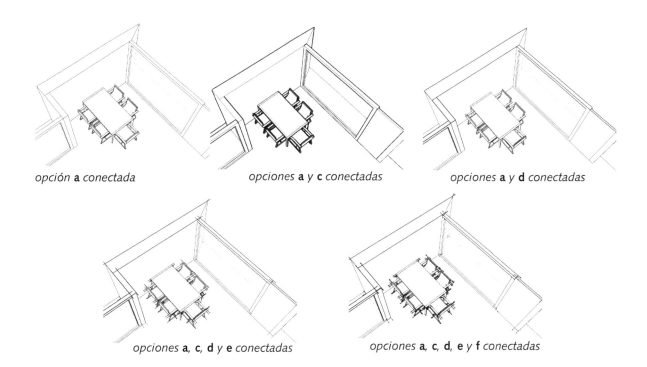

opción **a** *conectada*

opciones **a** *y* **c** *conectadas*

opciones **a** *y* **d** *conectadas*

opciones **a**, **c**, **d** *y* **e** *conectadas*

opciones **a**, **c**, **d**, **e** *y* **f** *conectadas*

4. Haga clic en el ícono indicado para activar las configuraciones de cara, llamadas de **Cara** (*Face*). Configure las opciones:

a. **Color frontal** (*Front color*): Haga clic para modificar el color estándar del frente de las caras;
b. **Color posterior** (*Back color*): Modifica el color estándar del fondo de las caras;
c. **Estilo** (*Style*): Configura el estilo de presentación de las caras;
d. **Rayos X** (*X-ray*): Activa y desactiva el efecto de rayos X;
e. **Activar transparencia** (*Enable transparency*): Activa y desactiva el efecto de transparencia;
f. **Calidad de transparencia** (*Transparency quality*): Controla la calidad de la transparencia.

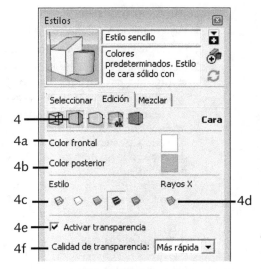

5. Haga clic en el ícono indicado para activar las configuraciones de fondo de pantalla, llamadas de **Fondo**. Configure las opciones:

a. **Fondo** (*Background*): Haga clic para modificar el color de fondo de la pantalla;
b. **Cielo** (*Sky*): Modifica el color del cielo. Se superpone al color elegido en **Fondo** (*Background*);
c. **Suelo** (*Ground*): Modifica el color del piso. Se superpone al color elegido en **Fondo** (*Background*). El control **Transparencia** (*Transparency*) regula la opacidad del color del piso;
d. **Mostrar suelo visto desde abajo** (*Show ground from below*): Continúa mostrando el color del **Suelo** (*Ground*) aun cuando el observador esté debajo del nivel del piso.

6. Haga clic en el ícono indicado para activar las configuraciones de marca de agua, llamadas de **Marca de agua** (*Watermark*). Configure las opciones:

a. **Mostrar marcas de agua** (*Display watermarks*): Activa y desactiva las opciones de marca de agua;
b. **+**: Añade una marca de agua;
c. **-**: Retira una marca de agua;
d. Edita las propiedades de la marca de agua seleccionada.

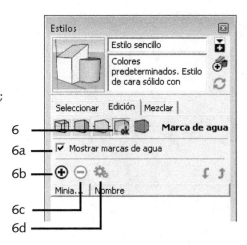

7. Haga clic en el ícono indicado para configurar la apariencia de las herramientas de **Modelado** (*Modeling*). Configure las opciones:

a. **Seleccionado** (*Selected*): Elige el color que identifica un objeto seleccionado;

b. **Bloqueado** (*Locked*): Elige el color que identifica un objeto bloqueado;

c. **Guías** (*Guides*): Define el color que identifica las guías;

d. **Sección inactiva** (*Inactive Section*): Elige el color de identificación de los planos de sección no activos;

e. **Sección activa** (*Active Section*): Define el color que identifica el plano de sección activo;

f. **Cortes de sección** (*Section Cuts*): Elige el color que identifica la línea de corte activa;

g. **Anchura del corte de sección** (*Section cut width*): Regula el espesor de la línea de corte;

h. **Geometría oculta** (*Hidden Geometry*): Activa o desactiva la opción de mostrar objetos ocultos;

i. **Color por capa** (*Color by Layer*): Activa o desactiva la opción de colorear los objetos de acuerdo con la capa;

j. **Guías** (*Guides*): Activa o desactiva la aparición de guías;

k. **Planos de sección** (*Section Planes*): Activa o desactiva la aparición de los planos de sección (Section Planes);

l. **Cortes de sección** (*Section Cuts*): Activa o desactiva la aparición de los cortes de sección;

m. **Ejes del modelo** (*Model Axes*): Activa o desactiva la aparición de los ejes de diseño.

n. **Fotografía de primer plano** (*Foreground Photo*): Activa o desactiva y ajusta la opacidad del modelo, cuando se ve en una escena que contiene una fotografía adaptada;

o. **Fotografía de fondo** (*Background Photo*): Activa o desactiva y ajusta la opacidad de la foto utilizada para la creación de un modelo adaptado en el modo **Adapatar fotografía** (*Match Photo*).

OBS Para una mejor comprensión sobre cómo el fondo, cielo, suelo, espacio del modelo y marcas de agua están relacionados, leer artículo, **relación entre cielo, suelo, espacio del modelo y otros atributos de estilos**, página **85**.

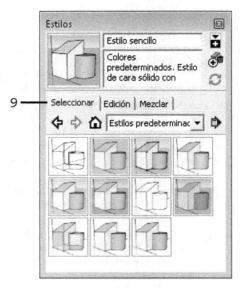

8. Después de configurar las opciones, dé un nombre al nuevo estilo (**a**) y, enseguida, haga clic en el botón indicado (**b**).

9. Haga clic en la pestaña **Seleccionar** (*Select*) y observe el estilo que creó.

cómo crear un estilo mezcla de otros elementos de estilo

La función **Mezclar** (*Mix*), de la ventana **Estilos** (*Styles*), le permiten crear un estilo basado en elementos de otros estilos. Puede, por ejemplo, usar el fondo de un estilo y las configuraciones de línea que están en otro, y así en adelante. Después de mezclar, puede crear un nuevo estilo.

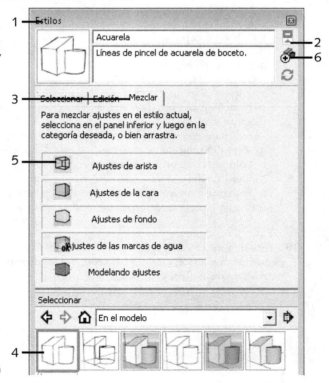

1. Vaya al menú **Ventana/Estilos** (*Window/Styles*).
2. Haga clic en el botón indicado para abrir el panel secundario (*secondary pane*).
3. Haga clic en la pestaña **Mezclar** (*Mix*).
4. Elija, en la barra indicada, la carpeta que contiene el estilo que quiere usar como referencia.
5. Haga clic encima del estilo y arrastre el cursor hacia uno de los campos: **Ajustes de arista** (*Edge Settings*), **Ajustes de cara** (*Face Settings*), **Ajustes de fondo** (*Background Settings*), **Ajustes de marcas de agua** (*Watermark Settings*) y **Ajustes de modelado** (*Modeling Settings*). Observe el resultado en la ventana de diseño.
6. Puede hacer eso cuantas veces quiera hasta encontrar una configuración que le agrade. Si lo desea, guarde la configuración como un nuevo estilo.

OBS a —————

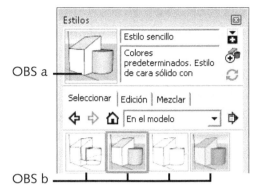

OBS b —————

> **OBS** Siempre que escoge un estilo, el SketchUp lo pone dentro de su archivo. En la ventana. **Estilos** (*Styles*), haga clic en el botón indicado (**a**) para ver cuáles son los estilos que están en su archivo (**b**).

relación entre el cielo, la tierra, el espacio del modelo y otras características de estilos

En el siguiente gráfico se puede aprender cómo se organizan fondo, el cielo, la tierra, el espacio del modelo y las marcas de agua, de esta manera usted puede tomar más ventaja de las características de estilo.

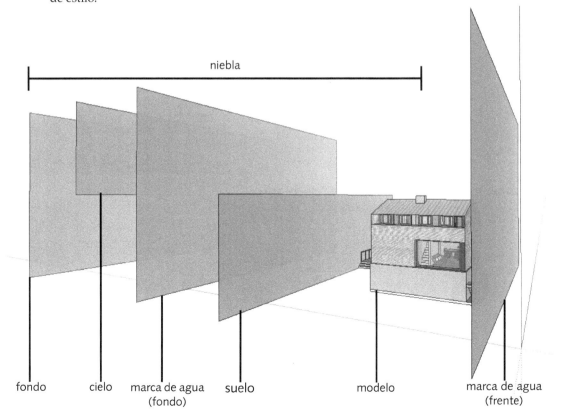

3.3 Colores y materiales (texturas) – Versión Windows

Además de pintura con colores sólidos, puede usar la amplia biblioteca de materiales (texturas) del SketchUp. Si la biblioteca no tiene la imagen que quiere, elija cualquiera que esté en su computadora. Puede incluso modificar la imagen base, añadiendo un color o cambiando su opacidad.

para aplicar un material en un objeto

1. Vaya al menú **Ventana/Materiales** (*Window/Materials*).

2. Haga clic en **Seleccionar** (*Select*) para elegir alguna biblioteca de texturas.

3. Elija, en la barra indicada, la biblioteca que contiene la textura que quiere.

4. Haga clic sobre la textura que quiere usar para pintar.

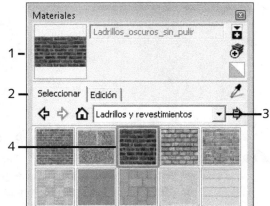

5. Haga clic en la cara que quiere pintar.

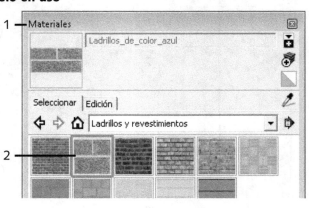

cómo editar un material del modelo en uso

1. Vaya al menú **Ventana/Materiales** (*Window/Materials*).

2. Haga clic sobre la imagen del material a ser editado.

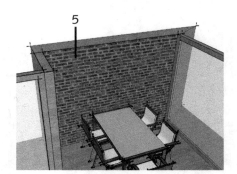

3. Haga clic en la pestaña **Editar** (*Edit*).

4. Elija un sistema de color (**RGB**, **HSB**, **HLS** o **Rueda de Color**) y encuentre el color que desea usar para mezclar a la textura.

5. Escriba la anchura y/o altura deseada (**a** y **b**) para el tamaño de la textura. Haga clic en la cadena (**c**) para conectar o desconectar la relación de proporción entre la anchura y la altura de la textura.

6. Si quiere, modifique la opacidad del material, con el control **Opacidad** (*Opacity*).

7. Haga clic en la pestaña **Seleccionar** (*Select*) y observe que el cambio ya se hizo en el objeto.

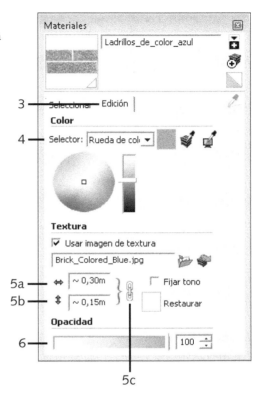

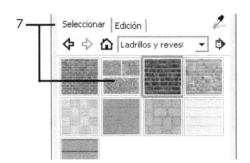

cómo crear un material a partir de una textura aplicada en una cara

1. Haga clic con el botón derecho del ratón sobre la textura a ser copiada (**a**) y elija la opción **Convertir en textura única** (*Make Unique Texture*) (**b**).

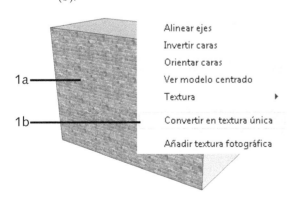

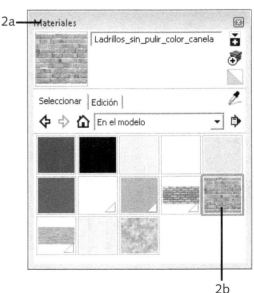

2. Vaya al menú **Ventana/Materiales** (*Window/Materials*) (**a**) y observe que una nueva textura fue creada (**b**). El nombre de la textura es el mismo de la anterior, añadido el término #**1**.

cómo crear un nuevo material

1. Vaya al menú **Ventana/Materiales** (*Window/Materials*).

2. Haga clic en el botón **Crear material...** (*Create Material...*).

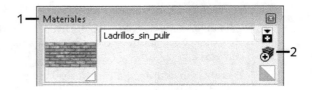

3. Dé un nombre para el material en este campo.

4. Elija un sistema de color (**RGB**, **HSB**, **HLS** o **Rueda de Color**) y encuentre el color que desea usar para mezclar en la textura.

5. Si quiere usar una imagen como base para el material, haga clic en **Usar imagen de textura** (*Use texture image*) (**a**) y, en seguida, en el ícono de carpeta (**b**).

6. Elija el archivo de imagen (JPG, BMP, TIF, etc.) (**a**) y haga clic en **Abrir** (*Open*) (**b**).

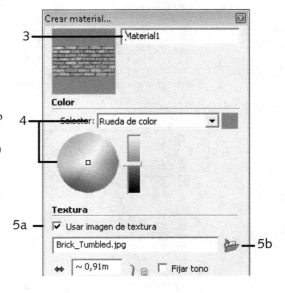

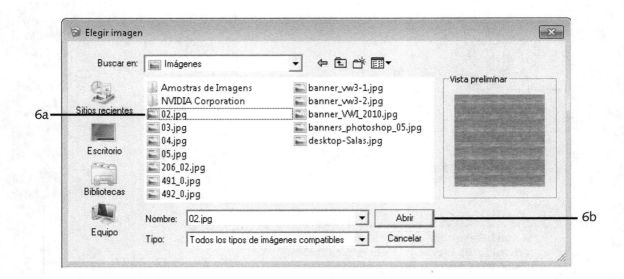

7. Escriba la anchura y/o altura deseada (**a** e **b**) para el tamaño de la textura. Haga clic en la cadena (**c**) para conectar y desconectar la relación de proporción entre la anchura y la altura de la textura.

8. Si quiere, modifique la opacidad del material, por el control **Opacidad** (*Opacity*).

9. Haga clic en el botón **Aceptar** para guardar el material activo. Este material será guardado en la carpeta **En el modelo** (*In Model*).

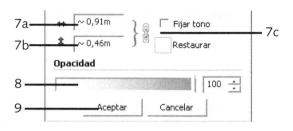

cómo crear un material a partir de texturas aplicadas en caras coplanarias

1. Seleccione dos o más caras (que deben estar en el mismo plano) con texturas diferentes (**a**). Haga clic con el botón derecho del ratón sobre cualquier cara seleccionada y elija la opción **Combinar texturas** (*Combine textures*) (**b**).

2. Una ventana se abre, preguntando si quiere borrar las líneas entre las caras seleccionadas. Haga clic en **Si**.

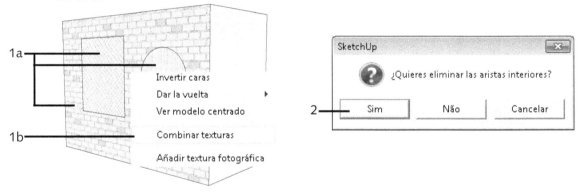

3. Vaya al menú **Ventana/Materiales** (*Window/Materials*) (**a**) y observe que una nueva textura fue creada (**b**). Automáticamente el nombre dado a la textura es Material, pero puede dar cualquier otro nombre, escribiéndolo en el campo indicado (**c**).

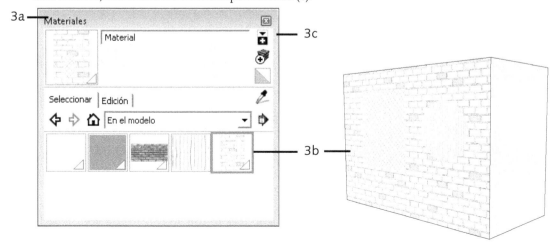

cómo editar un material en otro programa

Puede editar cualquier material en un programa de edición de imágenes (como el Photoshop o el Gimp, por ejemplo) a partir del SketchUp. Una vez hecha la modificación en el editor de imágenes, será actualizada automáticamente en su archivo.

1. Vaya al menú **Ventana/Preferencias** (*Window/Preferences*) (**a**) y haga clic en **Aplicaciones** (*Applications*) (**b**).

2. Haga clic en **Elegir...**(*Choose...*) para escoger el programa-estándar de edición de imágenes.

3. Haga clic en **Aceptar** (*OK*) para confirmar el ajuste.

4. De vuelta al dibujo, haga clic con el botón derecho del ratón sobre la textura que quiere editar y elija la opción **Editar imagen de textura...** (*Edit texture image...*).

5. El SketchUp abrirá el programa indicado. Haga las modificaciones en la imagen y guárdela sin cambiar su nombre.

6. Cierre el editor de imágenes. Volviendo al SketchUp, note que el material fue modificado directamente en su proyecto.

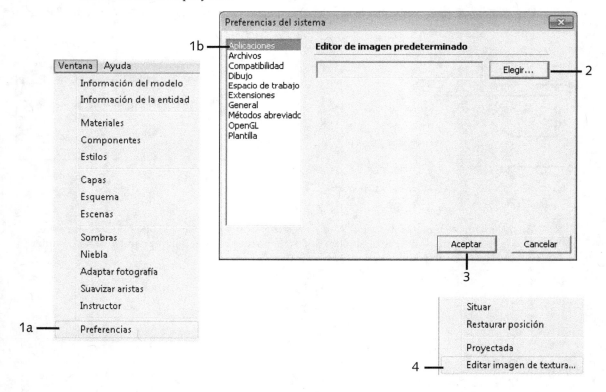

cómo crear una biblioteca

1. Vaya al menú **Ventana/ Materiales** (*Window/ Materials*).

2. Haga clic en el botón indicado y seleccione **Abrir o crear una colección..** (*Open or create a collection...*).

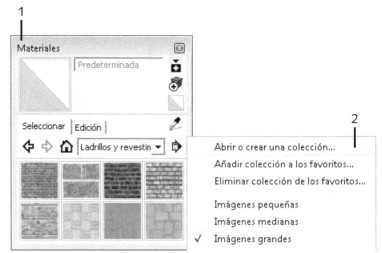

3. Elija una carpeta (**a**) o crie una (**b**); En este caso, cree una carpeta, escriba el nombre y haga clic en **Aceptar** (**c**).

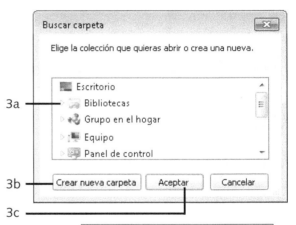

4. Su nuova biblioteca será añadido en el menú desplegable.

cómo incluir un material de su archivo en una biblioteca

1. Vaya al menú **Ventana/Materiales** (*Window/Materials*).

2. Haga clic en el botón indicado para abrir la segunda ventana de configuración (panel secundario) (*secondary pane*).

3. En la barra indicada, haga clic para escoger la biblioteca que contiene su textura.

4. En esa otra barra, haga clic para indicar la biblioteca que va a recibir su textura.

5. Haga clic en la textura que quiere incluir y arrastre hasta la ventana inferior. Suelte para que el SketchUp copie la textura en la biblioteca deseada.

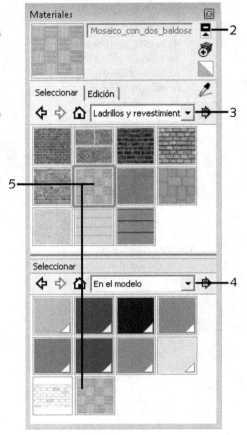

3.4 Colores y materiales (texturas) – versión Mac

Además de pintura con colores sólidos, puede usar la amplia biblioteca de materiales (texturas) del SketchUp. Si la biblioteca no tiene la imagen que quiere, elija cualquiera que esté en su computadora. Puede incluso modificar la imagen base, añadiendo un color o cambiando su opacidad.

cómo aplicar un material a un objeto

1. Vaya al menú **Ventana/Materiales** (*Window/Materials*).

2. Elija la **Textura Pallete** en la parte superior de la ventana.

3. Seleccione la biblioteca que contiene la textura que desee de la lista desplegable.

4. Haga clic en la textura que desea utilizar para pintar.

5. Haga clic en la supercie que desea pintar.

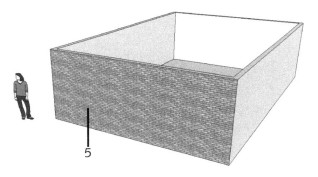

cómo editar un material que se encuentra en el modelo

1. Vaya al menú **Ventana/Materiales** (*Window/Materials*).

2. Haga clic en el botón indicado para mostrar todos los materiales utilizados en el modelo.

3. Haga clic com el botón derecho sobre el material y elija la opción **Editar....**(*Edit*).

4. En la parte superior de la ventana, elija entre un sistema y buscar lo que desea utilizar para mezclar la textura.

5. Introduzca la anchura y/o altura deseada (**a** y **b**) para el tamaño de la textura. Clic en la cadena (**c**) para conectar y desconectar la relación proporcional entre la anchura y la altura de la textura.

6. Se desee, altere la opacidade do material, pelo controle **Opacidad** (*Opacity*).

7. Clic en **Cerrar** para finalizar los cambios.

cómo crear un material a partir de uma textura aplicada em uma face

1. Haga clic con el botón derecho del ratón en la textura que desea copiar (**a**) y elija la opción **Convertir en textura unica** (*Make Unique Texture*) (**b**).

2. Vaya al menú **Ventana/Materiales** (*Window/Materials*) y observe que se ha creado una nueva textura. El nombre de la textura es el mismo que el anterior, con la adición de un "_" al principio y al final.

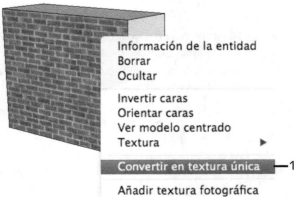

cómo crear un nuevo material

1. Vaya al menú **Ventana/Materiales** (*Window/Materials*).

2. Haga clic en el botón **Criar material...** (*Create Material...*).

3. Elija el arquivo de imagen (JPG, BMP, TIF, etc.) previamente guardado en su equipo (**a**), haga clic en **Abrir** (*Open*) (**b**).

y

3a   3b

4. Escriba el nombre de la textura y escriba la anchura y/o altura deseada (**a**) para el tamaño de la textura. Haga clic en la cadena (**b**) para conectar y desconectar la relación proporcional entre la anchura y la altura de la textura. Después haga clic en **OK** (**c**).

5. Clic con el botón derecho en la nuova textura y elija **Editar...** (*Edit...*) para realizar otros cambios.

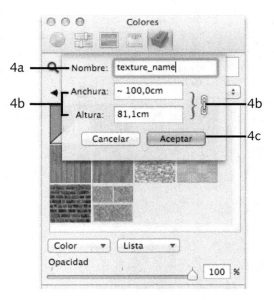

6. Utilice uno de los sistemas de color en la parte superior de la ventana para hacer cambios en la cor en la textura.

7. También puede cambiar la opacidad para hacer un material translúcido.

8. Clic en **Cerrar** para terminar.

cómo crear un material a partir de texturas aplicadas en caras coplanarias

1. Seleccione dos o más caras (que debe estar en el mismo plano) con diferentes texturas (**a**). Haga clic con el botón derecho del ratón sobre cualquier cara seleccionada y elija **Combinar texturas** (*Combine Textures*) (**b**).

2. Se abrirá una ventana que le preguntará si desea borrar las líneas entre las caras seleccionadas. Clic en **Sí**.

3. Vaya en **Ventana/Materiales**. Haga clic en **Colores en el modelo** (**a**) y observa que se ha creado una nueva textura (**b**). De forma predeterminada, el nombre dado a la textura es Material.

4. Si desea cambiar el nombre, haga clic con el botón derecho sobre la textura creada y elija la opción **Editar...**. Escriba el nuevo nombre en el campo indicado.

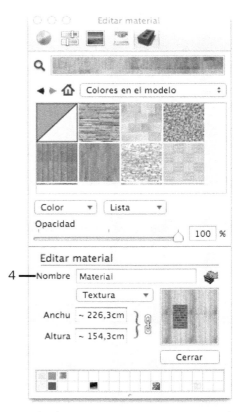

cómo editar un material en otro programa

Puede editar cualquier material en un programa de edición de imágenes (como el Photoshop o el Gimp, por ejemplo) a partir del SketchUp. Una vez hecha la modificación en el editor de imágenes, será actualizada automáticamente en su archivo.

1. Vaya al menú **SketchUp/Preferencias...** (*Window/Preferences...*) (**a**) y clic en **Aplicativos** (*Applications*) (**b**).

2. Haga clic en **Elegir...** (*Choose...*) para elegir el programa predeterminado para editar imágenes.

3. Cierre la ventana para confirmar los cambios.

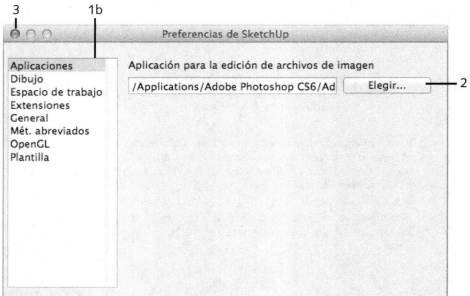

4. Volver al dibujo, haga clic con el botón derecho del ratón en la textura que desea editar y elija la opción **Textura/Editar imagen de textura...** (*Texture/Edit Texture Image...*).

5. El SketchUp abrirá el programa indicado. Realice los cambios en la imagen y guardarla sin cambiar su nombre.

6. Cierre el editor de imágenes. Volver a SketchUp, y observe que el material se cambió directamente en el proyecto.

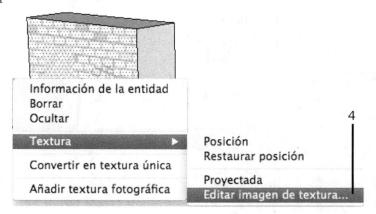

cómo crear una biblioteca

1. Vaya al menú **Ventana/Materiales** (*Window/Materials*).

2. Haga clic en la aba indicada e elija **Nueva...**.

3. Escriba el nombre de la nueva biblioteca y clic en **Aceptar**.

cómo incluir um material do seu arquivo en una biblioteca

1. Vaya al menú **Ventana/Materiales** (*Window/Materials*).

2. Arrastre el material para el panel de favoritos.

3. En este menú, haga clic para indicar la biblioteca que recibirá la textura.

4. Arrastre el material en la biblioteca elegida.

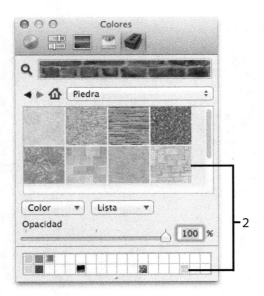

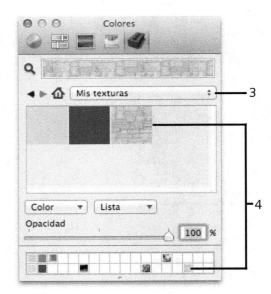

3.5 Cómo crear objetos con la ayuda de imágenes

Una de las características más interesantes del SketchUp es su capacidad de dibujar por encima de imágenes importadas en una cara. De esa manera puede usar la propia imagen como referencia para crear volúmenes, al mismo tiempo que ella sirve como textura.

para importar una imagen y aplicar en un objeto

1. Vaya al menú **Archivo/Importar...** (*File/Import...*). En la ventana que se abre, elija el archivo de imagen (JPG, BMP, TIF, etc.) deseado.

2. En esta misma ventana, haga clic en el botón **Usar como textura** (*Use as texture*), en el canto inferior derecho.

3. Haga clic en **Abrir** (*Open*).

4. La imagen aparece adherida al cursor. Haga clic en la cara deseada para insertar la imagen.

5. Mueva el cursor para regular el tamaño de la imagen. Cuando tenga el tamaño correcto, haga clic para confirmar. Automáticamente el SketchUp llena la cara con la imagen, repitiéndola si es necesario.

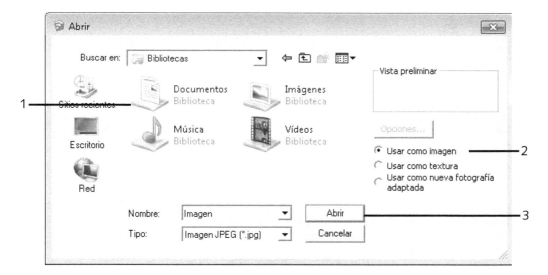

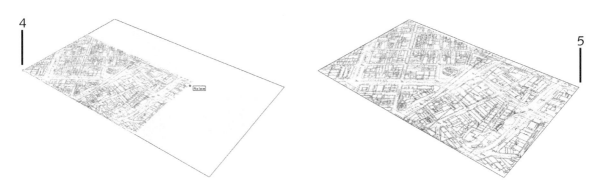

cómo editar la imagen aplicada

1. Haga clic con el botón derecho del ratón y elija la opción **Textura/Situar** (*Texture/Position*).

2. Regule la imagen haciendo clic y moviendo los controles descritos a seguir:

   a. **Mover** (*Move*) (rojo): Mueve la imagen por la cara.
   b. **Escala/Rotar** (*Scale/Rotate*) (verde): Modifica y rota la imagen.
   c. **Distorsionar** (*Distort*) (amarillo): Distorsiona la imagen.
   d. **Escala/Inclinar** (*Scale/Shear*) (azul): Escala y da un efecto de paralelogramo a la imagen.

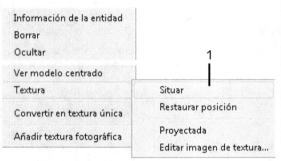

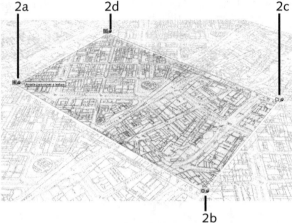

OBS1 En algunos momentos es mejor modificar la imagen usando cuatro controles de tipo **Distorsionar** (amarillo). Para eso, haga clic con el botón derecho sobre la imagen y elija **Alfileres fijos** (*Fixed Pins*).

OBS2 Para que la imagen vuelva al formato original, haga clic con el botón derecho del ratón sobre ella y escoja **Textura/Restaurar Posición** (*Texture/Reset Position*).

cómo dibujar sobre la imagen

1. Para dibujar sobre la imagen, basta usar las herramientas comunes de dibujo. No olvide dibujar las nuevas líneas sobre la cara, observando el dato de pantalla **En la cara** (*On Face*) (cuadrado azul). Después que haya hecho algunas líneas sobre la cara que contiene la imagen, use la herramienta **Empujar/tirar** (*Push/Pull*) para modificar la volumetría del objeto.

2. A medida que crea nuevos volúmenes a partir de la foto, las nuevas caras aparecen pintadas con pedazos de la imagen original, generando una apariencia un poco extraña. Puede pintar normalmente estas caras, usando colores y materiales, como se ha visto en el punto **3.3 Colores y materiales (texturas)**, en la página **79**.

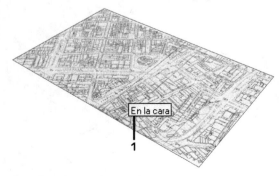

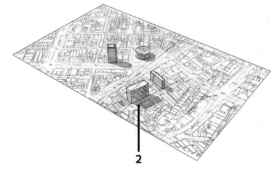

3.6 Cómo crear objetos con el Adaptar fotografía (Match Photo)

El conjunto de herramientas llamado **Adaptar fotografía** (*Match Photo*) hace posible la creación de un proyecto en 3D a partir de una o más fotos sacadas de un proyecto real o de un diseño en perspectiva. Este recurso también permite insertar una foto de un proyecto.

para importar una imagen a ser usada con el Adaptar fotografía

1. Vaya al menú **Archivo/Importar...** (*File/Import...*). En la ventana que se abre, elija el archivo de imagen (JPG, BMP, TIF, etc.) deseado.

2. En esa misma ventana, haga clic en **Usar como nueva fotografía adaptada** (*Use as new Matched Photo*), en el canto inferior derecho.

3. Haga clic en **Abrir** (*Open*).

4. La imagen aparece en el fondo de la pantalla, y debe regular la vista del observador con los puntos de fuga relativos a la imagen.

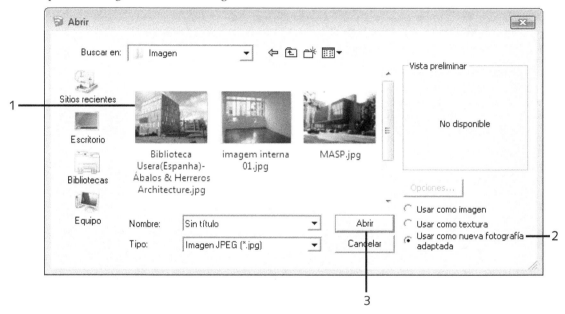

cómo regular los puntos de fuga

Para regular los puntos de fuga, haga que las cuatro líneas laterales de color (rojas y verdes) estén alineadas con el objeto asunto de la imagen. También debe llevar el punto que representa el encuentro de los tres ejes hacia el lugar en donde el proyecto será diseñado.

1. Regule la primera línea discontinua roja, por sus controles laterales y/o también por la propia línea, hasta conseguir ajustarla de modo que quede alineada con un tramo de la imagen.

2. Haga lo mismo en la otra línea roja, y también en las líneas verdes.

3. Posicione el punto que representa el centro de los ejes en el lugar de la imagen que es el comienzo del proyecto.

4. En la ventana **Adaptar fotografía**, haga clic en **Finalizado** (*Done*) para finalizar.

5. El SketchUp vuelve al modo de dibujo. Si quiere regular una vez más la posición de los puntos de fuga, haga clic en el botón indicado, en la ventana **Adaptar fotografía** (*Match Photo*).

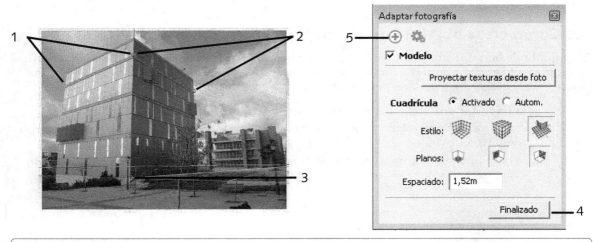

> **OBS** Una imagen importada como foto adaptada se guarda automáticamente en una escena. Siempre que modifique su posición dentro del programa, la imagen desaparecerá, volviendo a surgir solamente cuando active la escena que contiene la foto adaptada.

otras opciones interesantes

1. Para dibujar sobre la imagen, basta usar las herramientas comunes de dibujo. No olvide diseñar las nuevas líneas sobre la cara, observando el dato de pantalla **En la cara** (*On Face*) (cuadrado azul). Después de que haya hecho algunas líneas sobre la cara que contiene la imagen, use la herramienta **Empujar/tirar** (*Push/Pull*) para modificar la volumetría del objeto.

2. Puede usar la misma foto para pintar las caras que creó. Este método permite que cree nuevos objetos usando como referencia su foto, ya que el SketchUp consigue reconstruir la imagen del objeto como si la foto fuese sacada de frente a éste. Para ello, seleccione todos los objetos que absorberán la imagen, haga clic con el botón de la derecha y elija la opción **Proyectar fotografía** (*Project Photo*).

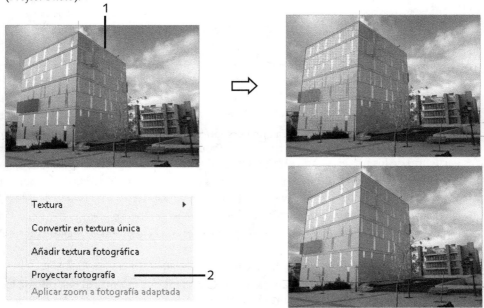

Destaques de este capítulo

Opciones básicas de presentación (pág. 77)

En la barra **Ajustes de cara** (*Face Style*), elija entre las presentaciones **Visualizar en modo alambre** (*Wireframe*), **Visualizar en modo de líneas ocultas** (*Hidden Line*), **Visualizar en modo sólido** (*Shaded*), **Visualizar en modo sólido con texturas** (*Shaded wih Textures*) o **Visualizar en modo sólido único** (*Monochrome*).

El modo **Rayos X** (*X-Ray*) añade un efecto de transparencia a los tipos de presentación ya citados. Para accionar, vaya a la barra **Estilo de cara** (*Face Style*) y haga clic en el botón **Rayos X** (*X-Ray*).

configurar las sombras (pág. 67)

Vaya al menú **Ventana/Sombras** (*Window/Shadows*) y active el cuadro **Mostrar sombras** (*Display Shadows*).

Elija el **Hora** (*Time*), usando la barra o escribiendo en el campo al lado, y escoja la **Fecha** (*Date*).

En **Luz** (*Light*), regule la cantidad de luz aplicada directamente en las caras de los objetos; en la barra **Sombra** (*Dark*), regule la intensidad de las sombras proyectadas.

Estilos (pág. 80)

El SketchUp permite muchas otras modificaciones gráficas en la presentación de su proyecto. Pueden hacerse cambios en el estilo de las líneas, de la presentación de las caras y en la configuración del cielo y del suelo. También es posible insertar una marca de agua y configurar el estilo de presentación de las herramientas del SketchUp.

Puede hacer todos estos ajustes y guardarlos en un **Estilo** (*Style*). Puede crear varios estilos, o puede usar los que ya vienen con el programa.

Adaptar fotografía (pág. 103)

Es un conjunto de herramientas que hace posible la creación de un proyecto en 3D a partir de una o más fotos sacadas de un proyecto real o de un diseño en perspectiva. Este recurso también permite insertar la fotografía de un proyecto.

Colores y materiales (texturas) – versión Windows (pág. 86)

para aplicar un material en un objeto (pág. 86)

En la barra **Principal**, elegir la herramienta **Pintar** (*Paint Bucket*). La ventana **Materiales** (*Materials*) se abrirá.

Haga clic en el campo **Seleccionar** (*Select*), para seleccionar alguna biblioteca de texturas. Escoja la biblioteca que contenga la textura que quiere; haga clic sobre la textura que quiere usar para pintar; haga clic en la cara que quiera pintar.

cómo crear un nuevo material (pág. 86)

Vaya al menú **Ventana/Materiales** (*Window/Materials*) y haga clic en el botón **Crear material...** (*Create Material...*).

Si quiere usar una imagen como base para el material, haga clic en **Usar imagen de textura** (*Use texture image*) y, enseguida, en el ícono de carpeta; elija el archivo de imagen y haga clic en **Abrir** (*Open*).

En la barra **Color**, encuentre el color que desea usar para mezclar a la textura; haga clic en el botón **Aceptar** (*Add*) para guardar el material activo.

cómo editar un material del modelo en uso (pág. 87)

Vaya al menú **Ventana/Materiales** (*Window/Materials*); en el campo **Seleccionar** (*Select*), escoja la biblioteca que contiene el material deseado; haga clic en el material y, enseguida, haga clic en el botón **Editar** (*Edit*); en la barra **Color**, encuentre el color que desea usar para mezclar a la textura.

cómo incluir un material de su archivo en una biblioteca (pág. 92)

Vaya al menú **Ventana/Materiales** (*Window/Materials*); haga clic en el botón que abre la segunda ventana de **Mostrar el panel de selección secundario** (*secondary pane*).

En la primera ventana, elija la biblioteca de su archivo (**En el modelo**) y encuentre su textura. No haga clic todavía. En la segunda ventana, elija la biblioteca que va a recibir su textura; haga clic y arrastre su textura de la primera ventana para la segunda.

Actividades propuestas

Ej. 01 – Estilos

1. Abra el archivo **Cap03_Ej01.skp**.

2. Configure los estilos de acuerdo con lo siguiente:

   a. Submenú **Arista** (*Edge*): Active las opciones **Mostrar aristas** (*Display Edges*), **Perfiles** (*Profiles*), **Profundidad** (*Depht Cue*), **Extensión** (*Extension*), **Puntos finales** (*Endpoints*) y **Alterar** (*Jitter*). Cambie el color del trazo, en el botón al lado del ítem **Color** (*Color*) (*fig. 25*).
   b. Submenú **Cara** (*Faces*): Elija el botón **Sólido con texturas** (*Shaded with Textures*), no active el botón **Rayos X** (*X-Ray*), active el cuadro **Activar transparencia** (*Enable Transparency*) y ponga **Calidad de transparencia** (*Transparency Quality*) en la opción **Más rápida** (*Faster*).
   c. Submenú **Fondo** (*Background*): Active las opciones **Cielo** (*Sky*) y **Suelo** (*Ground*) modifique el color de ellas en los cuadros correspondientes. Mantenga el regulado **Transparencia** (*Transparency*) en el medio (*fig. 26*).
   d. Submenú **Marca de agua** (*Watermark*): Inserte el archivo **SketchUpPro_pasoapaso.png** como marca de agua. Active la opción **Mezclar** (*Blend*), arrastre la barra hacia la derecha. Coloque la imagen en el canto inferior izquierdo (*fig. 27*).
   e. Submenú **Modelado** (*Modeling*): Cambie apenas el color del ítem **Cortes de sección** (*Section Cuts*).

3. Guarde el estilo con el nombre **Estilo SketchUp Pro paso a paso**.

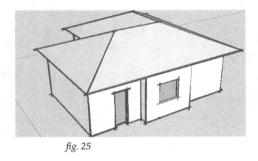

fig. 25

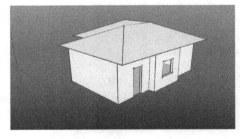

fig. 26

fig. 27

Ej. 02 – Texturas

1. Abra el archivo **Cap03_Ej02.skp** y aplique texturas en todos los elementos (*fig. 28*):

> a. Aplique alguna textura de la familia **Vegetación** (*Vegetation*) en el césped.
> b. Aplique texturas de **Asfalto y revestimientos** (*Asphalt and Concrete*) en los pisos de la casa y de la piscina.
> c. Use alguna textura de la familia **Agua** (*Water*) en el agua de la piscina.
> d. Para las paredes internas, use alguna textura lisa, de la familia **Colores** (*Colors*).
> e. Para las paredes externas, importe una imagen, por ejemplo, la imagen *Brick_Rough_Tan.jpg* que está en la carpeta del ejercicio.
> f. Para el piso, importe la imagen *Wood_Floor_Light.jpg*.

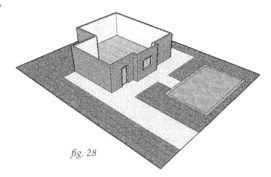

fig. 28

Ej. 03 – Modelado a partir de fotografía

1. Abra el archivo **Cap03_Ej03.skp**.

2. Importe la imagen *Fachada.jpg* como textura y colóquela en la cara más grande del edificio (*fig. 29*).

3. Haga rectángulos y polígonos basados en la imagen, y enseguida use la herramienta **Empujar/tirar** (*Push/Pull*) para modificar los volúmenes de la fachada (*figs. 30 y 31*).

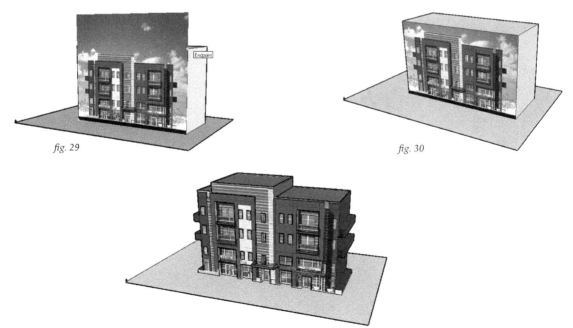

fig. 29

fig. 30

fig. 31

Ej. 04 – Modelado con Adaptar fotografía

1. Abra el archivo **Cap03_Ej04.skp**.

2. Importe la imagen *Perspectiva.jpg* como fotografía adaptada.

3. Coloque el punto de referencia en la esquina del edificio y regule los ejes de color (*fig. 32*).

4. Use las herramientas **Línea** (*Line*) y **Rectángulo** (*Rectangle*) para diseñar el cuerpo principal del edificio (*fig. 33*).

5. Seleccione las caras creadas sobre la imagen y use el comando **Proyectar foto** (*Project Photo*) (*fig 34*).

6. Cambie el punto de vista del observador para ver el resultado. Dibuje nuevos polígonos y rectángulos, y use la herramienta **Empujar/tirar** (*Push/Pull*) para modificar el volumen del edificio (*fig. 35*).

fig. 32

fig. 33

fig. 34

fig. 35

Mi proyecto es muy grande y complejo, y pienso que estoy diseñando sin ninguna organización. A veces noto también que hago el mismo objeto en proyectos diferentes, y eso no es muy eficiente

cómo organizar un proyecto?

La organización de un proyecto es fundamental en varios aspectos: sea para mostrar u ocultar objetos que tienen alguna característica común, sea para crear grupos de objetos que pueden ser fácilmente identificados, guardados y usados en cualquier proyecto. El SketchUp ofrece estas posibilidades de organización, explicadas a seguir.

Qué leerá en este capítulo

4.1 Grupos

4.2 Componentes

4.3 Componentes dinámicos

4.4 Esquema (*Outliner*)

4.5 Capas (*Layers*)

4.1 Grupos

El SketchUp permite que seleccione varios objetos y los transforme en un grupo. De esa manera, es posible mover, duplicar y también borrar el grupo de objetos de una vez. Para modificar un objeto que pertenece al grupo, puede usar el recurso de edición de grupo.

cómo crear un grupo

1. Seleccione uno o más objetos.

2. Vaya al menú **Edición/Crear grupo** (*Edit/Make Group*) (o haga clic con el botón derecho sobre los objetos y escoja **Crear grupo**/*Make Group*).

3. Para dar un nombre al grupo, selecciónelo en el área de dibujo y, en la ventana **Información de la entidad** (*Entity Info*), escriba uno en el campo **Nombre** (*Name*). Cada grupo puede tener un nombre distinto.

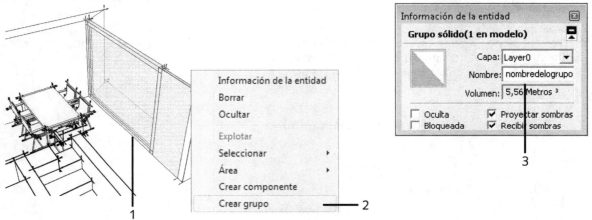

cómo editar un grupo

1. Haga clic dos veces sobre el grupo que quiera editar, o haga clic con el botón derecho del ratón y escoja **Editar grupo** (*Edit Group*).

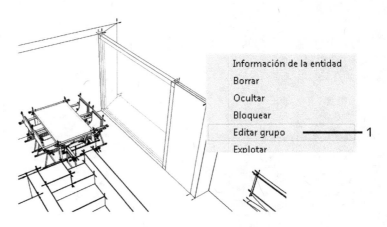

2. Observe que, en este momento, todo el resto del dibujo aparece en tonos de gris, y el grupo está en destaque.

3. Use las herramientas de dibujo normalmente.

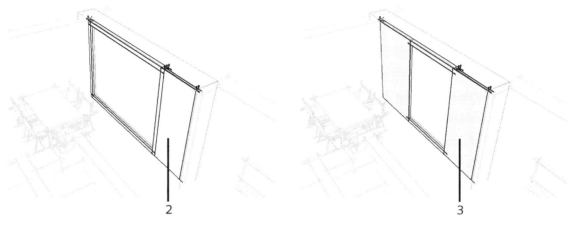

4. Para salir del grupo vaya al menú **Edición/Cerrar grupo/componente** (*Edit/Close Group/Component*), o haga clic en un área vacía del diseño.

para explotar

1. Haga clic con el botón derecho del ratón sobre el grupo y escoja **Explotar** (*Explode*).

2. Observe que los elementos del grupo ahora están sueltos por el diseño.

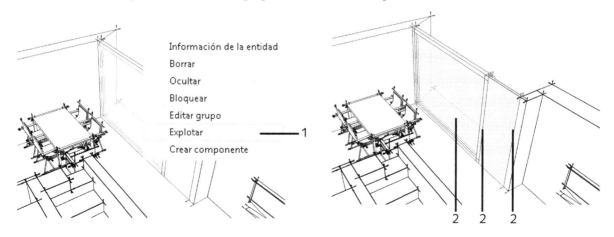

4.2 Componentes

Componente es el nombre dado a una entidad, un tipo especial de grupo, que puede contener uno o más objetos. Al contrario de un grupo común, un componente permanece disponible en una biblioteca y puede ser utilizado varias veces en un mismo archivo o ser enviado a otro archivo. Cuando modificamos el dibujo de un componente en un archivo, todos los componentes iguales se modifican automáticamente. Esas y otras importantes propiedades se explicarán a seguir.

cómo crear un componente

1. Seleccione uno o más objetos.

2. Vaya al menú **Edición/Crear componente** (*Edit/Make Component*) (o haga clic con el botón derecho sobre los objetos y elija **Crear componente**/*Make Component*).

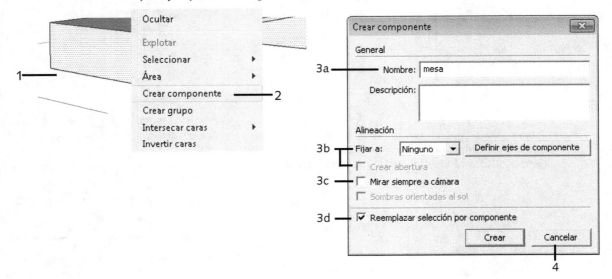

3. En la ventana que se abre, configure:

a. **Nombre** (*Name*) del componente;
b. En el ítem **Alineación** (*Alignment*), escoja el plano de alineación del objeto en **Fijar a** (*Glue to*). Si escoge algún plano, puede usar el cuadro **Crear abertura** (*Cut Opening*) para indicar si este objeto corta alguna cara, si está tocando en una (es el caso de componentes que representan puertas o ventanas);
c. El campo **Mirar siempre a cámara** (*Always face camera*) hace que el componente quede siempre de frente al observador. Muy útil cuando el componente representa árboles, personas, etc.;
d. El cuadro **Reemplazar selección por componente** (*Replace selection with component*) sirve para, al cerrar esta ventana, sustituir el diseño original por el componente recién creado.

4. Para finalizar, haga clic en **Crear** (*Create*).

5. Observe que el componente creado aparece en el menú **Ventana/Componentes** (*Window/Components*), opción **En el modelo** (*In Model*).

> **OBS** Para crear componentes que abren paredes, como puertas y ventanas, es necesario dibujarlas en el plano de suelo (horizontales), para que la elección de **Alineación** (*Alignment*) (ítem **3b**) funcione.

cómo insertar un componente

1. Vaya al menú **Ventana/Componentes** (*Window/Components*).

Información del modelo
Información de la entidad

Materiales
1 — √ Componentes
Estilos

Capas
Esquema

2. Haga clic en el botón indicado (**a**) y, enseguida, elija la carpeta que contiene (o que puede contener) el componente que desea (**b**).

3. Si el componente que quiere no parece estar en ninguna carpeta del punto anterior, puede hacer una búsqueda, escribiendo un texto en el campo indicado. Al pulsar **Intro** (*Enter*), el SketchUp se conecta a la Galería 3D para tratar de encontrar el componente que quiere (para eso, necesita tener una conexión activa con internet).

4. Escoja el componente clicando sobre él y, a seguir, clicando conde desea insertarlo. Si prefiere, también puede hacer clic y mover el componente directamente al dibujo, soltando el cursor en el lugar deseado.

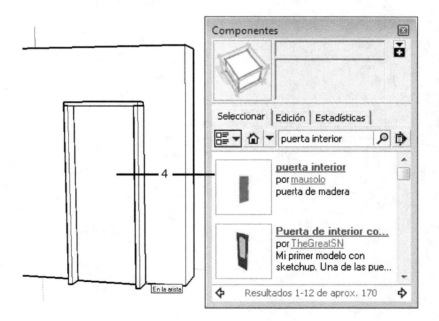

cómo insertar un componente en una pared

Para que un componente pueda ser correctamente insertado en la pared, él necesita haber sido creado "acostado en el suelo" de su archivo, y la opción **Fijar a** (*Glue to*) debe estar en **Vertical**. Hay muchas maneras de insertar un componente en una pared. La que será explicada a seguir no es la más sencilla, pero es la que funciona en todos los casos.

1. Cree el componente alineado al plano de suelo, con la opción **Fijar a** (*Glue to*) en **Vertical**, como se ha comentado anteriormente.

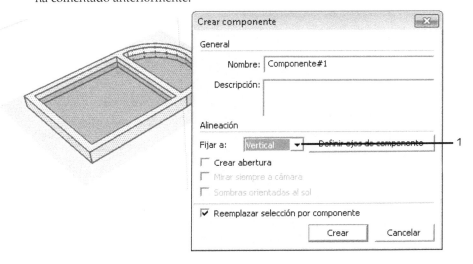

2. Vaya al menú **Ventana/Componentes** (*Window/ Components*) (**a**) y seleccione el componente (**b**).

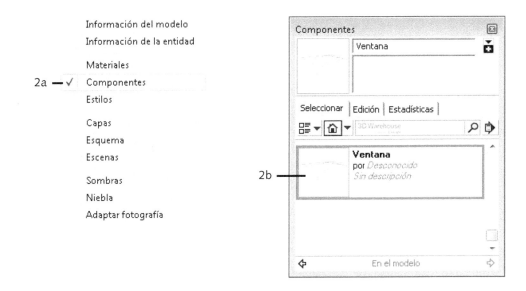

3. Insértelo en la pared que quiera.

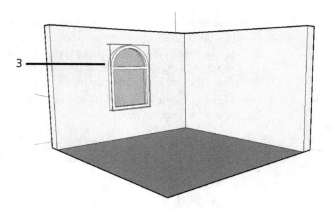

4. Seleccione el componente y la cara de la pared (**a**), haga clic con el botón derecho del ratón y elija **Intersecar caras/ Con la selección** (*Intersect Faces/With selection*) (**b**).

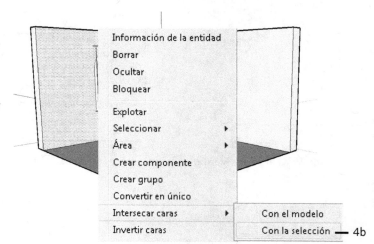

5. Seleccione el componente y, con el botón de la derecha, elija la opción **Ocultar** (*Hide*). Verá que el contorno del componente está marcado en la pared, y, dependiendo del tipo de componente, algunas líneas serán dibujadas hacia adentro del contorno.

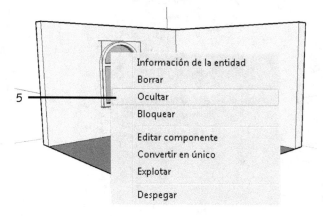

6. Borre las líneas que puede haber dentro del contorno usando las herramientas **Seleccionar** (*Select*) y **Borrar** (*Eraser*).

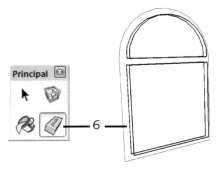

7. Haga clic con la herramienta **Empujar/tirar** (*Push/Pull*) (**a**) en la cara indicada (**b**) y, enseguida, haga clic y arrástrela hasta el borde de la otra cara de la pared (**c**), para hacer la abertura del otro lado.

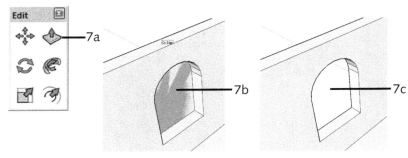

8. Vaya al menú **Ver/Geometría oculta** (*View/Hidden Geometry*) para volver a ver el componente que ocultó.

9. Haga clic con el botón de la derecha en el componente y elija la opción **Mostrar** (*Unhide*) (**a**). Vea que el componente vuelve a aparecer normalmente (**b**).

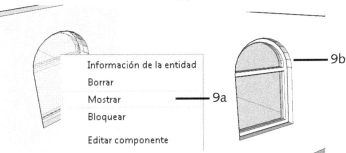

cómo editar um componente

1. Haga clic dos veces sobre el componente que quiera editar, o haga clic con el botón derecho del ratón y elija **Editar componente** (*Edit Component*).

2. Observe que, en este momento, todo el resto del dibujo aparece en tonos de gris, y el componente se destaca.

3. Use las herramientas de diseño normalmente. Note que todas las copias del mismo componente, en el mismo archivo, serán modificadas automáticamente.

4. Para salir del componente, vaya al menú **Edición/Cerrar grupo/componente** (*Edit/ Close Group/Component*), o haga clic en un área vacía del diseño.

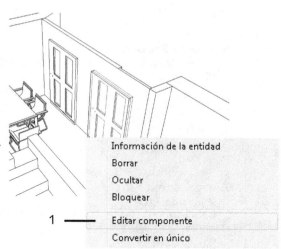

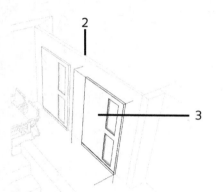

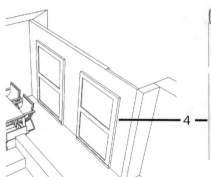

para crear un componente a partir de otro

Suponga que tenga una silla con apoyo para cuadernos y necesita una sin apoyo. Para no tener que crear el nuevo componente a partir de cero, haga lo siguiente.

1. Si sólo tiene un componente en el dibujo, inserte otro.

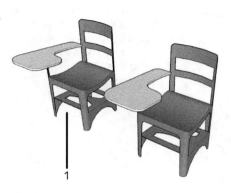

2. Haga clic en uno de los componentes con el botón derecho del ratón y elija la opción **Convertir en único** (*Make Unique*).

3. El SketchUp automáticamente crea un nuevo componente. Vaya al menú **Ventana/Componentes** (*Window/ Components*) y observe el nuevo componente creado, haciendo clic en la barra **En el modelo** (*In Model*).

4. Para dar un nuevo nombre al componente, selecciónelo en el área de diseño y vaya al menú **Ventana/Informacion de la entidad** (*Window/Entity Info*) y escríbalo en el campo **Definición** (*Definition Name*). Note que todas las copias de este componente también modificaron su nombre.

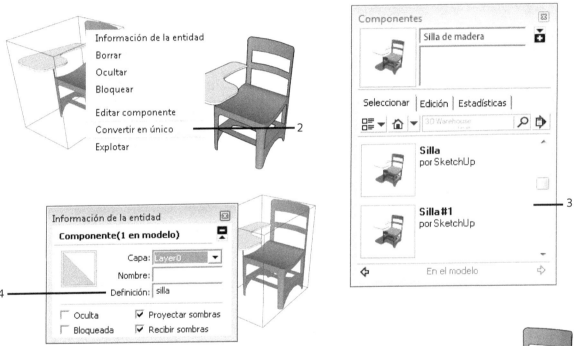

5. Para editar el nuevo componente, haga dos clic sobre él y haga la edición (en este caso, retirar el apoyo).

cómo cambiar un componente por otro

1. Vaya al menú **Ventana/Componentes** (*Window/Components*).

2. Haga clic con el botón derecho del ratón en el componente que desea cambiar.

3. Haga clic en **Volver a cargar** (*Reload*).

4. La ventana que se abre preguntará si quiere o no sustituir el componente. Haga clic en **Sí**.

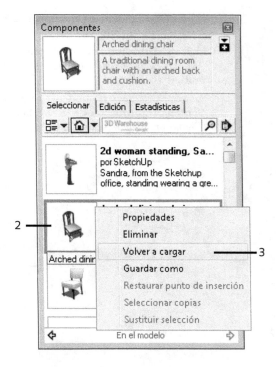

5. Ubique al nuevo componente.

6. Haga clic en **Abrir** (*Open*).

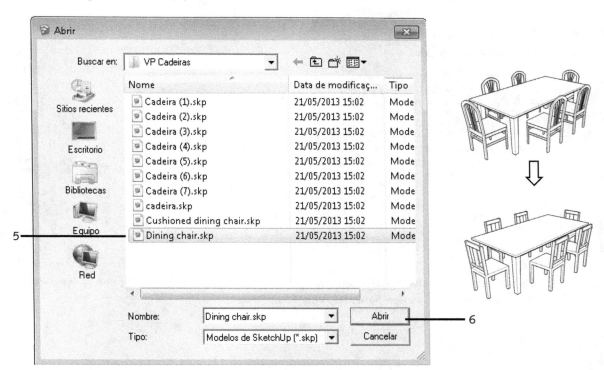

cómo crear una biblioteca

1. Vaya al menu **Ventana/Componentes** (*Window/Components*).

2. Haga clic en la seta indicada (**a**) y, en seguida, haga clic en **Abrir o crear una colección local**...
   (*Open or create a local collection*...) (**b**).

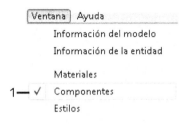
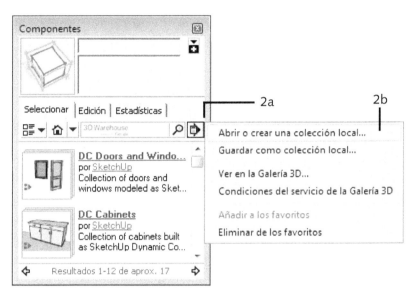

3. En la ventana que se abre, haga clic en el botón indicado para crear una nueva carpeta (**a**) y, en seguida, ponga un nombre para ella. Haga clic **Enter** para confirmar. Haga clic en **Aceptar** (**b**) para salir de la ventana.

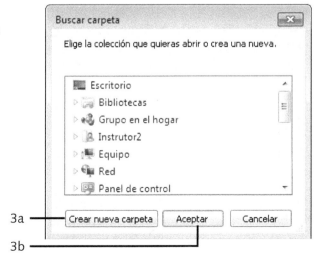

4. Después de crear la carpeta, se la puede añadir en la lista de favoritos. Para eso, haga clic en el botón indicado (**a**) y después haga clic en **Añadir a los favoritos** (*Add to favorites*) (**b**).

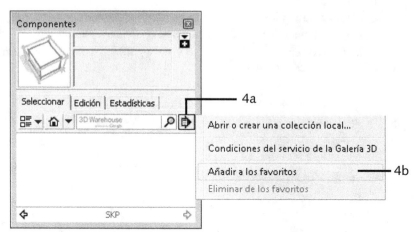

cómo guardar un componente en la biblioteca

1. Vaya al menú **Ventana/Componentes** (*Window/Components*).

2. Ubique el componente que va a guardar en la biblioteca.

3. Haga clic en el botón indicado (panel de selección secundario).

4. Haga clic en la flecha indicada (**a**) para seleccionar la biblioteca deseada (**b**).

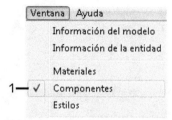

5. Haga clic y arrastre el componente para a
   biblioteca.

para guardar una búsqueda de la Galería 3D como una biblioteca local

Puede guardar objetos que son resultados de una búsqueda dentro
   de su computadora. Eso es bueno para guardar objetos que usa
   con frecuencia, sin que sea necesario cada vez activar internet.
   Para eso:

1. Vaya al menú **Ventana/Componentes** (*Window/Components*).

2. Haga una búsqueda en el campo indicado y pulse **Intro** (*Enter*) (**a**).
   Después de algún tiempo, el resultado de la búsqueda aparece en
   la ventana abajo (**b**).

3. Haga clic en la flecha indicada (**a**) y, a seguir, haga clic en **Guardar
   como colección local...** (*Save as a local collection...*) (**b**).

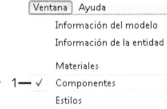

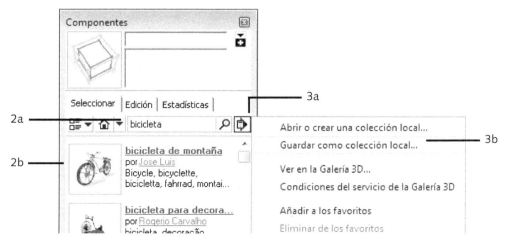

4. En la ventana que se abre, escoja una carpeta del computador para guardar los objetos (**a**) o cree una nueva (**b**). Después, haga clic en **OK** para confirmar (**c**).

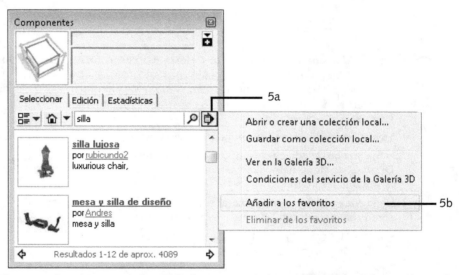

5. Después de descargar los objetos, puede añadir la carpeta a la lista de favoritos. Para eso, haga clic en el botón indicado (**a**) y después haga clic en **Añadir a los favoritos** (*Add to favorites*) (**b**).

4.3 Componentes dinámicos

El componente dinámico es un tipo especial de objeto. Usando una ventana llamada **Opciones del componente** (*Component Options*), consigue cambiar diversos parámetros del componente (altura, ancho, longitud, color, entre otros) sin tener que rediseñar todo el objeto. Algunos componentes dinámicos tienen atributos especiales: pueden aumentar de tamaño sin escalar los elementos internos, modificar piezas internas y hasta mover partes, usando la herramienta **Interactuar** (*Interact*). Un componente dinámico puede identificarse, en la ventana **Componentes** (*Components*), por una marca verde que está del lado del dibujo de cada uno, como puede observar en las imágenes abajo.

cómo modificar medidas de un componente dinámico

1. Vaya al menú **Ventana/Componentes** (*Window/Components*) (**a**) para elegir el componente dinámico a ser usado. En este ejemplo, puede hacer clic en el botón indicado (**b**) para escoger la familia **Formación sobre componentes dinámicos** (*Dynamic Components Training*) (**c**).

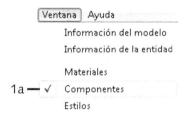

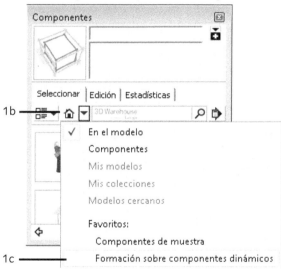

2. Seleccione el componente **Estantería básica** (*Configurable Bookshelf*) e insértelo en el diseño.

3. Con el componente seleccionado, vaya al menú **Ventana/Opciones del componente** (*Window/Component Options*). En la ventana que se abre, configure:

a. El color del objeto, en **Material**;
b. La profundidad (**Depth**), la altura (**Height**) y la longitud (**Width**) del objeto;
c. El grosor de las piezas, en **Thickness.**

4. Para finalizar, haga clic en **Aplicar** (*Apply*) y observe que el componente fue modificado en el dibujo.

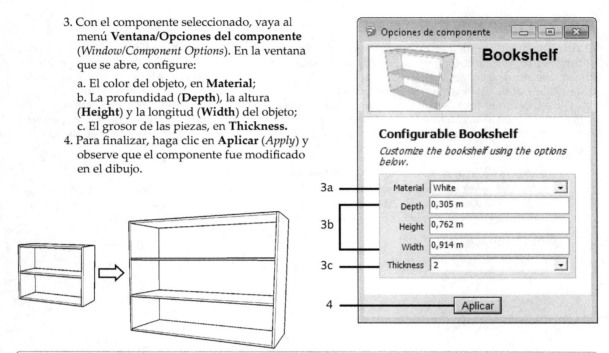

OBS Siempre que modifica un componente dinámico, el SketchUp crea un nuevo componente en su archivo, añadiendo un complemento #**1**, #**2** a su nombre, según el caso.

cómo interactuar con los componetes dinámicos

1. Vaya al menú **Ventana/Componentes** (*Window/Components*) (**a**) para elegir el componente dinámico para ser utilizado. En este ejemplo, haga clic en el botón indicado (**b**) para elegir la familia **Componentes** (*Components*)(**c**).

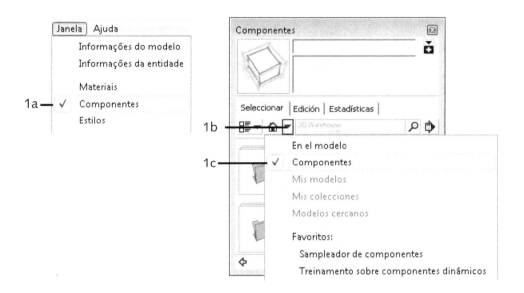

2. En la ventana que se abre, seleccione la carpeta **Componentes de muestra** (*Components Sampler*).

3. Seleccione eo componente **Puerta con arco** (*Archtop Door*) e insertalo em una face vertical del dibujo.

4. Vaya al menú **Ver/Barra de herramientas** (*View/Toolbars*) y active **Componentes dinámicos** (*Dynamic Components*).

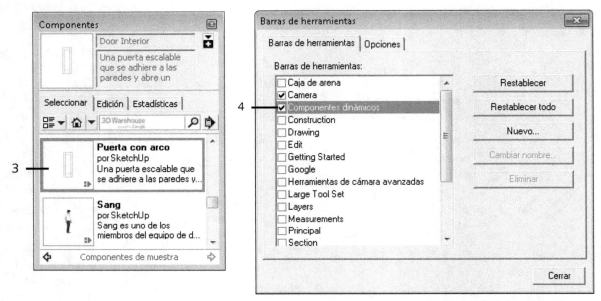

5. Clic en el botón **Interactuar** (*Interact*) (**a**) y, clic en la puerta que acaba de insertar (**b**). Note la apertura de la puerta. Clic na puerta más una vez (**c**) para que la puerta se cierra de nuevo.

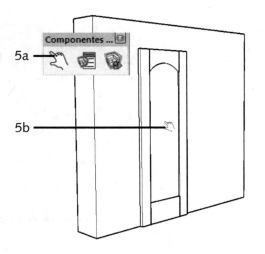
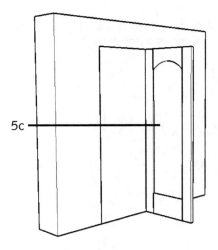

relación entre un componente dinámico y la escala

Cuando usa la herramienta **Escala** (*Scale*) en determinados componentes dinámicos, ellos se modifican de una manera peculiar. En lugar de que la herramienta haga la escala de todos los elementos internos proporcionalmente (como sería el caso), el componente dinámico entiende que lo que quiere es añadir más elementos al objeto (más peldaños en una escalera, por ejemplo). Vea el ejemplo:

1. Vaya al menú **Ventana/Componentes** (*Window/Components*) (**a**) para escoger el componente dinámico a ser usado. En este ejemplo, puede hacer clic en el botón indicado (**b**) para escoger la familia **Sampleador de componentes** (*Components Sampler*) (**c**).

2. Seleccione el componente **Escalera flotante** (*Stairs Floating*) (**a**) e insértelo en el diseño (**b**).

3. En la barra **Edit**, seleccione la herramienta **Escala** (*Scale*).

4. Aparecerán varios puntos de control. Haga clic en uno de los puntos de control del principio o del final de la escalera (**a** o **b**) y mueva el cursor para darle el nuevo tamaño.

5. Haga clic para confirmar. Observe que, en pocos segundos, la escalera está remodelada y peldaños se añaden o retiran, según el movimiento hecho en **4**.

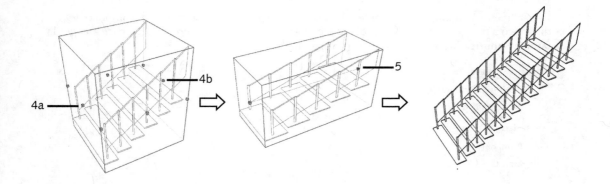

4.4 Esquema (Outliner)

La ventana **Esquema** (*Outliner*) ofrece una manera rápida y práctica de visualizar y de tener acceso a objetos que están organizados en grupos o componentes. Este gestor es especialmente útil cuando el proyecto es complejo, pues permite seleccionar instantáneamente objetos que están dentro de componentes que pueden estar dentro de otros, y así sucesivamente. También permite reorganizar la jerarquía de los componentes (colocar un objeto dentro del otro).

cómo usar la ventana Esquema

1. Vaya al menú **Ventana/Esquema** (*Window/Outliner*).

2. Observe en la ventana el listado de todos los objetos (grupos y componentes) que hay en su proyecto.

3. Algunos nombres pueden tener una señal de + al lado, lo que indica que existen más grupos o componentes dentro de aquel que está viendo ahora. Haga clic en la señal + para descubrir cuáles son.

4. Siempre que hace clic en un nombre en la lista, el objeto correspondiente se selecciona en la ventana de dibujo. Para editarlo, haga clic con el botón derecho sobre el nombre (o sobre el propio objeto, en la ventana de dibujo) y elija **Editar grupo** (*Edit Group*) o **Editar componente** (*Edit Component*).

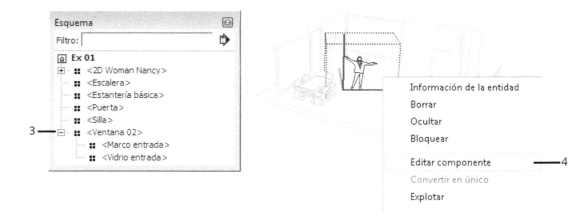

4.5 Capas (Layers)

Puede usar el sistema de capas del SketchUp para clasificar los diferentes tipos de dibujo que hay en un proyecto. Por ejemplo, un proyecto residencial puede tener capas para los techos, paredes, mobiliario, pisos, paisajismo, etc. Esa separación es bastante útil cuando necesita ocultar toda una categoría de dibujo sin crear un nuevo archivo y borrar objetos.

para crear una capa

1. Vaya al menú **Ventana/Capas** (*Window/Layers*).

2. Haga clic en el botón **Añadir capa** (*Add*) y vea que el SketchUp automáticamente crea y nombra la capa. En este momento puede dar otro nombre a la capa, si quiere.

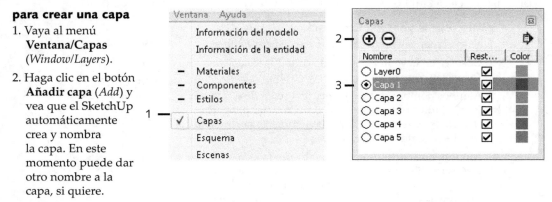

3. Si prefiere, después de otro nombre a la capa, haciendo clic y manteniendo presionado el botón del ratón.

cómo usar color en una capa

Puede asociar un color a una capa y tener la opción de pintar todos los objetos que estén en esa capa con ese color. Para definir el color de una capa:

1. Vaya al menú **Ventana/Capas** (*Window/Layers*) y haga clic en el cuadradito al lado del nombre de la capa deseada.

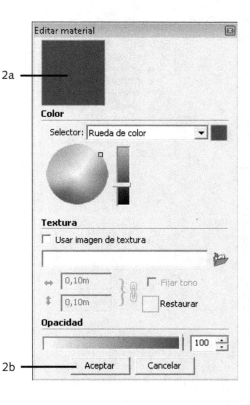

2. A seguir elija el color que quiera (**a**) y haga clic en **Aceptar** (*OK*) (**b**).

3. Para hacer que todas las capas pasen a colorear los objetos, haga clic en el botón superior derecho de la ventana **Capas** (*Layers*) (**a**) y después elija la opción **Color por capa** (*Color By Layer*) (**a**).

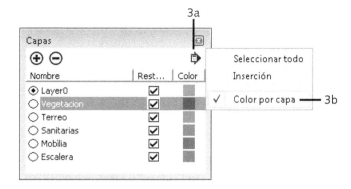

cómo colocar un objeto del dibujo en una capa

1. Seleccione el objeto deseado.

2. Vaya al menú **Ventana/Información de la entidad** (*Window/Entity Info*).

3. Haga clic en la barra indicada para escoger en qué capa el objeto será colocado.

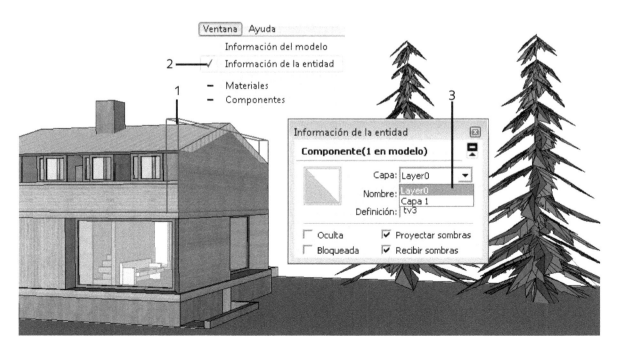

otras operaciones con capas

1. Para mostrar u ocultar una capa, haga clic en el cuadro **Visible** (*Visible*), al lado del nombre de la capa correspondiente.

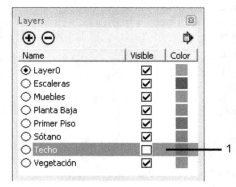
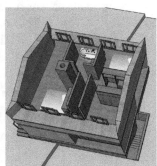

2. Para eliminar una capa, selecciónela en la lista y haga clic en el botón indicado.

3. Si la capa tiene algún objeto, tendrá que elegir entre **Mover contenido a capa predeterminada** (*Move contents to Default layer*), **Mover contenido a capa actual** (*Move contents to Current layer*) o **Eliminar contenido** (*Delete contents*).

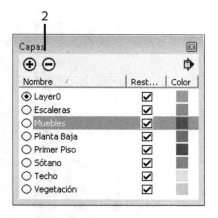
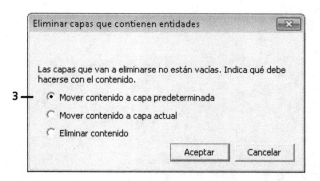

OBS No es posible borrar la **Layer0**.

Destaques de este capítulo

Grupos

cómo crear un grupo (pág. 110)

Seleccione uno o más objetos y vaya al menú **Edición/Crear grupo** (*Edit/Make Group*) (o haga clic con el botón derecho sobre los objetos y elija **Crear grupo/** *Make Group*). Para dar un nombre al grupo, selecciónelo en el área de dibujo y, en la ventana **Información de la entidad** (*Entity Info*), escriba uno en el campo **Nombre** (*Name*). Cada grupo puede tener un nombre distinto.

cómo editar un grupo (pág. 110)

Haga dos clic sobre el grupo que quiera editar, o haga clic con el botón derecho del ratón y escoja **Editar grupo** (*Edit Group*); use las herramientas de dibujo normalmente.

Para salir del grupo vaya al menú **Edición/Cerrar grupo/componente** (*Edit/Close Group/Component*), o haga clic en un área vacía del diseño.

para explotar (pág. 111)

Haga clic con el botón derecho del ratón sobre el grupo y elija **Explotar** (*Explode*); observe que los elementos del grupo ahora están sueltos por el dibujo.

Componentes

cómo crear un componente (pág. 112)

Seleccione uno o más objetos y vaya al menú **Edición/Crear componente...** (*Edit/Make Component*). En la ventana que se abre, dé un nombre al componente, en el campo **Nombre** (*Name*).

El cuadro **Reemplazar selección por componente** (*Replace Selection with Component*) sirve para, al cerrar esta ventana, sustituir el dibujo original por el componente recién creado.

cómo insertar un componente (pág. 113)

Vaya al menú **Ventana/Componentes** (*Window/Components*) para escoger la carpeta que contiene (o que puede contener) el componente que quiere. Si el componente que quiere no parece estar en ninguna carpeta del ítem anterior, haga una búsqueda, escribiendo un texto en el campo correspondiente. Al pulsar **Intro** (*Enter*), el SketchUp se conecta a la Galería 3D para intentar encontrar el componente que quiere (para eso, necesita tener una conexión activa con internet). Elija el componente clicando sobre él y, a seguir, haciendo clic donde desea insertarlo. Si prefiere, también puede hacer clic y mover el componente directamente hacia el dibujo, soltando el cursor en el lugar deseado.

cómo editar un componente (pág. 118)

Haga dos clic sobre el componente y observe que todo el resto del dibujo aparece en tonos de gris, y él se destaca. Use las herramientas de dibujo normalmente. Para salir de la edición, vaya al menú **Edición/Cerrar grupo/componente** (*Edit/Close Group/Component*), o haga clic en un área vacía del dibujo.

cómo guardar un componente en la biblioteca (pág. 122)

Vaya al menú **Ventana/Componentes** (*Window/Components*) y encuentre el componente que va a guardar en la biblioteca. Haga clic en el botón **Mostrar el panel de selección secundario** (*Display the secondary selection pane*); seleccione la biblioteca deseada; haga clic y arrastre el componente hacia la biblioteca.

Componentes dinámicos (Dynamic components)

cómo modificar medidas de un componente dinámico (pág. 125)

Vaya al menú **Ventana/Componentes** (*Window/Components*) para elegir el componente dinámico que será usado; con el componente seleccionado, vaya al menú **Ventana/Opciones de componente** (*Window/Component Options*). En la ventana que se abre, configure ítems como el color del objeto, profundidad, altura, longitud, entre otros que pueden estar habilitados para el objeto seleccionado.

cómo interactuar con un componente dinámico (pág. 127)

Vaya al menú **Ventana/Componentes** (*Window/Components*) para elegir el componente dinámico que será usado; vaya al menú **Ver/Barras de herramientas/Componentes dinámicos** (*View/Toolbars/Dynamic Components*). Haga clic en **Interactuar** (*Interact*) y, enseguida, haga clic en la parte interactiva del objeto.

relación entre un componente dinámico y la escala (pág. 129)

Vaya al menú **Ventana/Componentes** (*Window/Components*) para elegir el componente dinámico que será usado. En la barra **Edit/Edición**, seleccione la herramienta **Escala** (*Scale*). Aparecerán varios puntos de control. Haga clic en uno de los puntos y mueva el cursor para dar el nuevo tamaño al objeto. Haga clic para confirmar. Observe que, en pocos segundos, el objeto se remodela, con más o menos componentes internos, que siguen manteniendo su tamaño.

Esquema (Outliner) (pág. 131)

Vaya al menú **Ventana/Esquema** (*Window/Outliner...*); observe en la ventana la lista de todos los objetos (grupos y componentes) que existen en su proyecto. Algunos nombres pueden tener una señal de + al lado. Eso indica que existen más grupos o componentes dentro de aquel que está viendo ahora. Haga clic en la señal + para descubrir lo que hay; siempre que haga clic en un nombre de la lista, el objeto correspondiente se selecciona en la ventana de dibujo.

Capas (Layers) (pág. 132)

Puede usar el sistema de **Capas** (*Layers*) do SketchUp para clasificar los diferentes tipos de dibujo que hay en un proyecto. Por ejemplo, un proyecto residencial puede tener capas para los techos, paredes, mobiliario, pisos, paisajismo, etc.

Esa separación es bastante útil cuando necesitamos ocultar toda una categoría de dibujo sin que precise crear un nuevo archivo y borrar objetos.

Para crear una capa, vaya al menú **Ventana/Capas** (*Window/Layers*) y haga clic en el botón +.

cómo usar color en una capa (pág. 132)

Vaya al menú **Ventana/Capas** (*Window/Layers*) y haga clic en el cuadradito al lado del nombre de la capa deseada; a seguir elija el color que quiera y haga clic en **Aceptar** (*OK*).

Para hacer que todas las capas pasen a colorear los objetos, haga clic en el botón superior derecho de la ventana **Capas** (*Layers*) y después escoja la opción **Color por capa** (*Color By Layer*).

cómo colocar un objeto del dibujo en una capa (pág. 133)

Seleccione el objeto deseado y vaya al menú **Ventana/Información de la entidad** (*Window/Entity Info*) para escoger en qué capa el objeto será colocado.

Actividades propuestas

Ej. 01 – Grupos

1. Abra el archivo **Cap04_Ej01.skp.**
2. Seleccione los elementos que componen el estante y agrúpelos, usando el menú **Edición/Crear grupo** (*Edit/Make Group*) (*fig. 36*).
3. Con la herramienta **Mover** (*Move*), lleve el estante hacia adentro de la casa (*fig. 37*).
4. Use la herramienta **Mover** (*Move*) para duplicar el objeto. Póngalo al lado del primer estante (*fig. 38*).
5. Haga un doble clic en el grupo y modifique las texturas aplicadas en el estante (*fig. 39*). Observe que las modificaciones se hacen apenas en este estante.

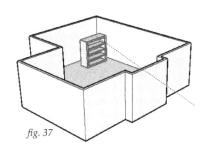

fig. 36

fig. 37

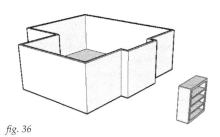

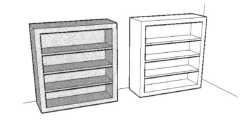

fig. 38

fig. 39

Ej. 02 – Componentes

1. Abra el archivo **Cap04_Ej02.skp**.

2. Seleccione los elementos de la mesa. Haga clic sobre ellos con el botón derecho y use el comando **Crear componente** (*Make Component*) (*fig. 40*). Dé un nombre al componente y haga clic en **Crear** (*Create*).

3. Vaya al menú **Ventana/Componente** (*Window/Components*) y haga clic en el botón **En el modelo** (*In Model*). Observe que su componente está guardado allá.

4. Inserte la mesa dentro de la casa, con la herramienta **Mover** (*Move*).

5. Cree cuatro copias de la mesa, también con la herramienta **Mover** (*Move*) (*fig. 41*).

6. Haga clic dos veces sobre cualquiera de las mesas, modifique alguna textura aplicada sobre ella. Note que las modificaciones se reproducen automáticamente en las otras mesas. Haga clic en un área vacía de la pantalla para salir de la edición del componente.

7. Seleccione dos mesas, haga clic con el botón derecho del ratón sobre una de ellas y elija la opción **Convertir en único** (*Make Unique*).

8. Haga clic dos veces sobre una de esas dos mesas y haga alguna modificación en el componente. Observe que ahora esta modificación se repite solamente en la mesa que recibió el comando **Convertir en único** (*Make Unique*), dado en el paso **7** (*fig. 42*).

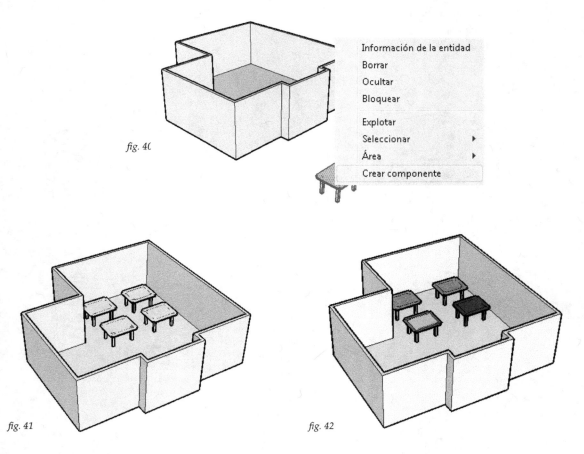

fig. 40

fig. 41

fig. 42

Ej. 03 – Componente en la pared

1. Abra el archivo **Cap04_Ej03.skp.**

2. Seleccione todos los elementos que componen la ventana y cree el componente (*fig. 43*). No se olvide de activar la opción **Fijar la vertical** (*Glue to Vertical*).

3. Vaya al menú **Ventana/Componentes** (*Window/Components*) y haga clic en el botón **En el modelo** (*In Model*) (*fig. 44*). Haga clic y arrastre su ventana hasta una pared de la casa.

4. Haga los procedimientos para concluir la abertura en la pared; desprenda la ventana de la pared (con la herramienta **Desprender** (*Unglue*) y póngala alineada por su cara interna (*fig. 45*).

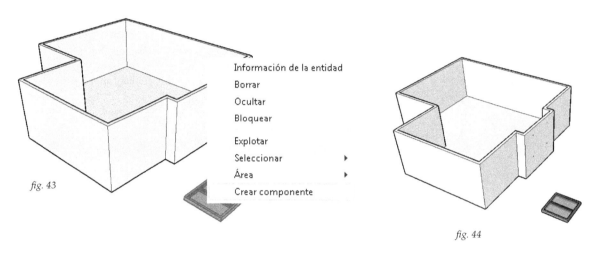

fig. 43

fig. 44

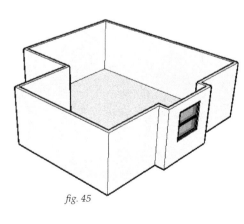

fig. 45

Ej. 04 – Componente dinámico

1. Abra el archivo **Cap04_Ej04.skp.**

2. Vaya al menú **Ventana/Componentes** (*Window/Components*) y haga clic en la carpeta **Components Sampler.**

3. Inserte el componente **Cama** (*Bed*) en el diseño; use la ventana **Opciones de componente** (*Component Options*) para modificar el tipo de la cama para **CA King** (*fig. 46*).

4. Inserte el componente **Sofá Cama** (*Couch*); use la herramienta **Escala** (*Scale*) para modificar el tamaño del sofá; use la ventana **Opciones del componente** (*Component Options*) para modificar el tamaño de los cojines para 0,5m (*fig. 46*).

5. Inserte el componente **Escalera Flotante** (*Stairs Floating*); use la herramienta **Escala** (*Scale*) para modificar el tamaño de la escalera; use la ventana **Opciones del componente** (*Component Options*) para modificar las medidas referentes al espejo y al piso de cada peldaño (*fig. 46*).

6. Inserte el componente **Coche sedán** (*Car Sedan*); use la herramienta **Interactuar** (*Interact*) para abrir y cerrar las puertas, mover los neumáticos delanteros y modificar el color del automóvil (*fig. 46*).

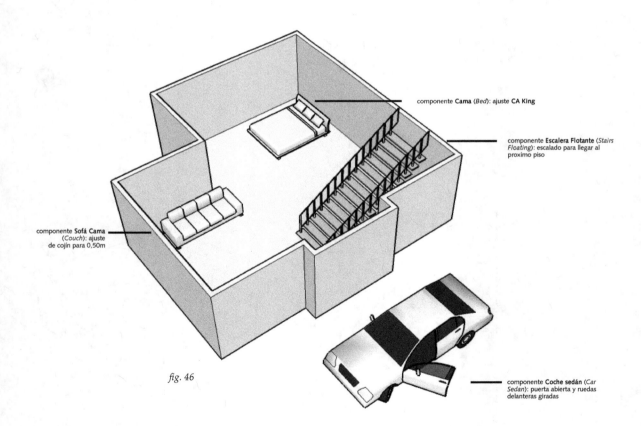

componente **Cama** (*Bed*): ajuste **CA King**

componente **Escalera Flotante** (*Stairs Floating*): escalado para llegar al proximo piso

componente **Sofá Cama** (*Couch*): ajuste de cojín para 0,50m

componente **Coche sedán** (*Car Sedan*): puerta abierta y ruedas delanteras giradas

fig. 46

Ej. 05 – Esquema

1. Abra el archivo **Cap04_Ej05.skp.**

2. Vaya al menú **Ventana/Esquema** (*Window/Outliner*) y observe cómo los componentes ayudaron a organizar el proyecto (*fig. 47*).

3. Encuentre el componente **Estantería**, dentro de **Planta Baja**.

4. Haga doble clic en la estantería y haga alguna modificación en él. Note que la misma modificación se hizo en la otra estantería, que está en el **Primer Piso** (*figs. 48a* y *48b*).

5. También en la ventana **Esquema** (*Outliner*), haga clic en otros componentes para conocer mejor sobre cómo un proyecto se puede organizar. Observe, por ejemplo, los componentes de libros dentro de la estantería, o incluso cómo el componente **Sofá Cama** fue creado.

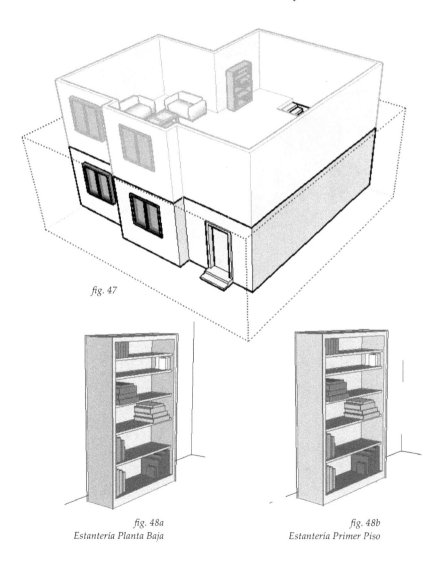

fig. 47

fig. 48a
Estantería Planta Baja

fig. 48b
Estantería Primer Piso

Ej. 06 – Capas

1. Abra el archivo **Cap04_Ej06.skp.**

2. Vaya al menú **Ventana/Capas** (*Window/Layers*) y cree dos capas, llamadas de **Opción 1** y **Opción 2**.

3. Seleccione el componente **Mesa y sillas blancas** y póngalo en la capa **Opción 1**.

4. Seleccione el componente **Mesa y sillas beige** y póngalo en la capa **Opción 2** (*fig. 49*).

5. Haga copias de los dos componentes y distribúyalas por la casa, como si fuesen propuestas para la disposición en un restaurante (*fig. 50*).

6. Conecte y desconecte las capas para alternar entre las propuestas (*figs. 51 y 52*).

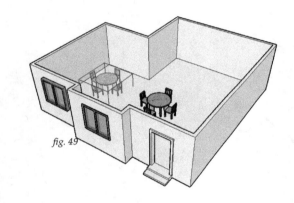

fig. 49

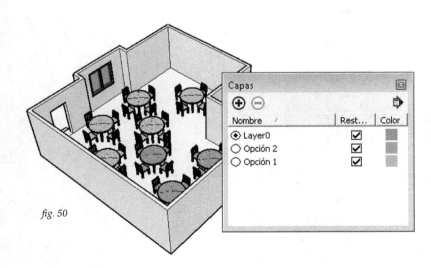

fig. 50

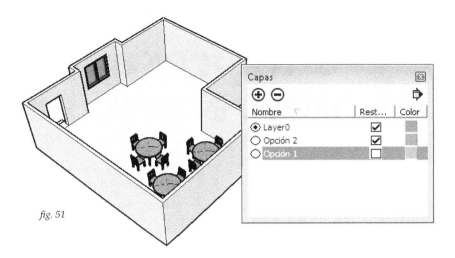

fig. 51

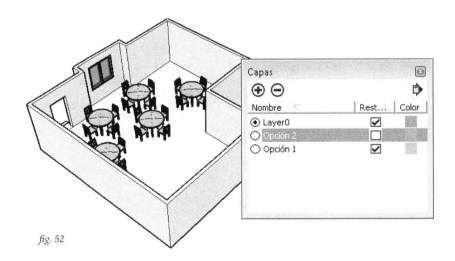

fig. 52

El proyecto está listo y quiero imprimir varias vistas, perspectivas e incluso una planta baja. También necesito hacer una animación del proyecto. Quiero saber cómo se hace

una presentación impresionante!

El SketchUp tiene un lenguaje gráfico peculiar, que permite presentaciones excelentes en vídeo o en papel. A través de sus recursos de animación, es muy fácil hacer un paseo virtual por el proyecto, que puede imprimirse en perspectiva o también a escala.

Qué leerá en este capítulo

5.1 Escenas (Scenes)

5.2 Cómo hacer una animación

5.3 Impresión

5.4 Generación de informes

5.1 Escenas (Scenes)

Una **Escena** (*Scene*) es un recurso del SketchUp que guarda la posición del observador, ajustes de textura, luz y sombra, entre otros. Estos datos se guardan en el menú **Ventana/Escenas** (*Window/Scenes*) para usarlos posteriormente, sea para imprimir, sea para crear un proyecto animado.

para crear una escena

1. Sitúe al observador en la posición que desea. Ajuste el punto de vista (con punto de fuga o sin él), sombras, texturas, ejes y active o desactive capas, planos de sección y objetos ocultos, para dejar la imagen como desee.

2. Vaya al menú **Ventana/Escenas** (*Window/Scenes*) y haga clic en el botón +. El SketchUp graba todas las propiedades del observador en aquel momento con un nombre estándar.

3. Puede cambiar el nombre de la escena, escribiéndolo en el campo **Nombre** (*Name*).

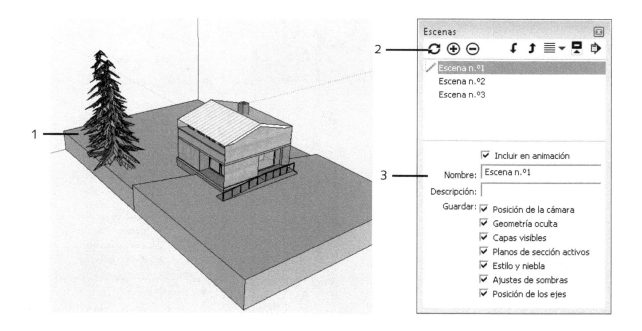

para actualizar una escena

1. Cambie la posición del observador y/o modifique los ajustes de la vista.

2. Vaya al menú **Ventana/Escenas** (*Window/Scenes*) y elija las propiedades que se guardarán en **Guardar** (*Properties to save*).

3. Seleccione la escena que quiere actualizar (**a**) y haga clic en el botón indicado (**b**).

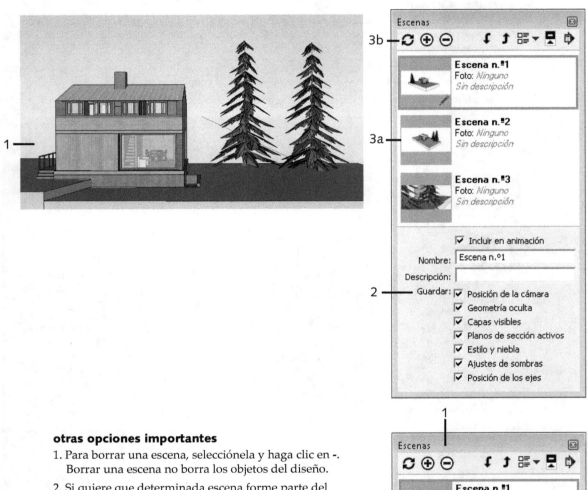

otras opciones importantes

1. Para borrar una escena, selecciónela y haga clic en **-**. Borrar una escena no borra los objetos del diseño.

2. Si quiere que determinada escena forme parte del guión de una animación, selecciónela y haga clic en **Incluir en animación** (*Include in animation*).

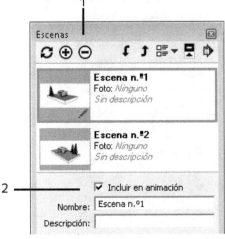

5.2 Cómo hacer una animación

El SketchUp crea una animación a partir de una secuencia de escenas elegidas previamente. Es posible exportar la animación en formato de vídeo o como una secuencia de imágenes numeradas para editar en otros softwares, como Final Cut e iMovie (Mac) y Adobe Premiere (PC).

escogiendo las escenas de referencia

1. Vaya al menú **Ventana/ Escenas** (*Window/Scenes*).

2. Para cada escena que quiera que participe en la animación, haga clic en su respectiva casilla **Incluir en animación** (*Include in animation*).

3. El SketchUp crea la animación según el orden de escenas de la lista. Use los botones con las flechas hacia abajo y hacia arriba para modificar ese orden.

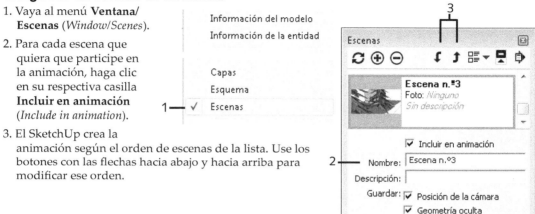

para controlar los tiempos de la animación

1. Vaya al menú **Ventana/Información del modelo/Animación** (*Window/Model Info/Animation*).

2. Active la casilla **Activar transiciones de escena** (*Enable scene transitions*) (**a**) para que la animación funcione. Enseguida abajo, regule la duración de la transición entre escenas (**b**).

3. El campo **Demora de escenas** (*Scene Delay*) se usa para definir cuántos segundos el SketchUp permanece mostrando una escena sin movimiento.

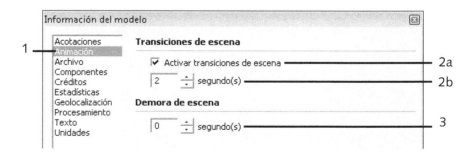

para realizar la animación

1. Vaya al menú **Ver/Animación/ Reproducir** (*View/Animation/Play*); después de algunos segundos, la animación empezará.

2. Para dar pausa o interrumpir, haga clic en los botones correspondientes, en la ventana **Animación** (*Animation*), que se abre después de iniciada la animación.

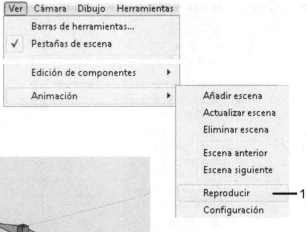

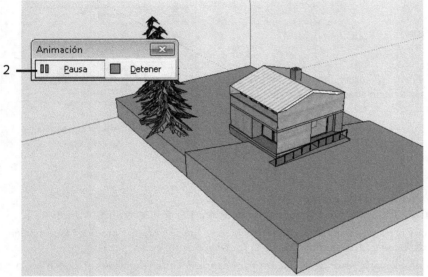

para exportar una animación cómo un video

1. Para exportar una animación, ella debe estar detenida.

2. Vaya al menú **Archivo/Exportar/Animación/Vídeo...** (*File/Export/Animation/Video...*).

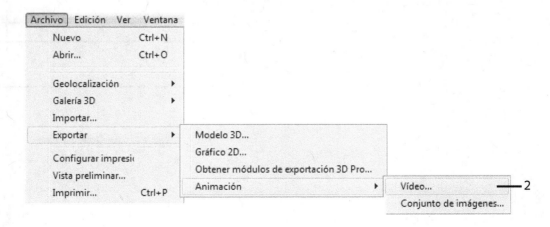

3. Escriba un nombre en el campo **Nombre de archivo**.

4. Elija el formato **.avi** si desea abrir la animación directamente en un programa que muestra vídeos (Windows Media Player, QuickTime Player, etc.). Seleccione el formato **H264 codec/Mp4 file.mp4** para exportar el vídeo con un tamaño más pequeño y de buena calidad.

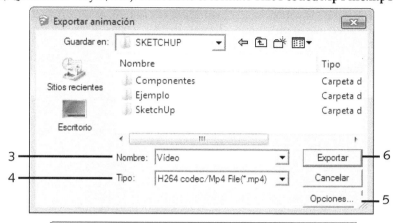

5. Clic en **Opciones...** (*Options...*) para configurar los detalles de la animación:

a. **Resolución**: Elija entre las tres opciones .

b. **Relación de aspecto**: Elija entre el formato **16:9 Wide** o el **4:3 Convencional**.

c. **Tamaño del cuadro (A x Al.)**: Elija la **Ancho** (*Width*) e **Altura** (*Height*) de la ventana de animación (Essa opción sólo está disponible cuando la **Resolución** está ajustada en la opción **Custom**);

d. **Vista previa del tamaño del cuadro**: Clic para ver el tamaño real da ventana de animación;

e. **Frecuencia** (*Frame Rate*): Frecuencia de cuadros muestrados por segundo;

f. **Volver a escena de inicio** (*Loop to starting scene*): Añade una nuova secuencia de vídeo une la última escena con la primera;

g. **Procesamiento anti-alias** (*Anti-alias*): Liga el ajuste de suavizar el trazado de objetos;

h. **Mostrar siempre opciones de animación** (*Always prompt for animation options*): Cuando ativo, abre la ventana **Opciones...** (*Options...*) automáticamente ao hacer el clic en **Exportar** (*Export*);

i. **Restaurar valores predeterminados** (*Defaults*): Aplica la configuración original del programa;

j. **Aceptar**: Confirma los ajustes;

k. **Cancelar** (*Cancel*): Cancela los ajustes.

5.3 Impresión

Puede imprimir su proyecto usando perspectivas o entonces en proyección ortogonal con escala. Las escenas pueden usarse para guardar la posición y los ajustes del observador, facilitando el proceso de impresión. En principio, el SketchUp imprime lo que está siendo mostrado en la pantalla en aquel momento. Para imprimir varias vistas en un único croquis, necesita usar el SketchUp LayOut, programa que se instala con el SketchUp Pro. Sepa más consultando el capítulo **7, montar croquis en el SketchUp LayOut**, a partir de la página **158**.

configurar la página

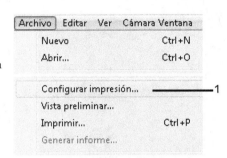

1. Vaya al menú **Archivo/Configurar impresión...** (*File/Print Setup...*).

2. Haga clic en esta barra para elegir al impresora que va a usar.

3. En el campo **Papel** (*Paper*), elija el tamaño de la hoja usada en la impresora (A4, Carta...).

4. En el campo **Orientación** (*Orientation*), elija si la impresión será en formato **Vertical** (*Portrait*) u **Horizontal** (*Landscape*).

5. Haga clic en **OK**.

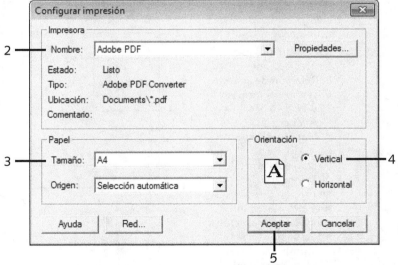

para imprimir una imagen en perspectiva, sin escala

1. Vaya al menú **Archivo/Vista preliminar...** (*File/Print Preview...*).

2. Si quiere que la imagen ocupe el mayor tamaño posible con relación a su hoja, haga clic en la casilla **Ajustar a página** (*Fit to page*).

3. Para imprimir en otro tamaño, desconecte la casilla **Ajustar a página** (*Fit to page*) y escoja el tamaño de la imagen a imprimir, en los campos **Anchura** (*Width*) y **Altura** (*Height*) (**a**). Puede ser que necesite una o más hojas, si el tamaño de la impresión es más grande que el tamaño de la hoja. El número de hojas usadas siempre aparece en el campo **Impresión de várias rojas en mosaico** (*Tiled Sheet Print Range*) (**b**), y puede incluso elegir que hojas creadas por el SketchUp serán realmente imprimidas.

4. Haga clic en **Aceptar** (*OK*) y observe que el SketchUp generó una imagen de lo que será imprimido.

5. Si aprobó, haga clic en **Imprimir** (*Print...*).

6. El SketchUp abre de nuevo la ventana de impresión, para que modifique algún dato si así lo desea. Haga clic en **Aceptar** (*OK*) para finalizar la impresión.

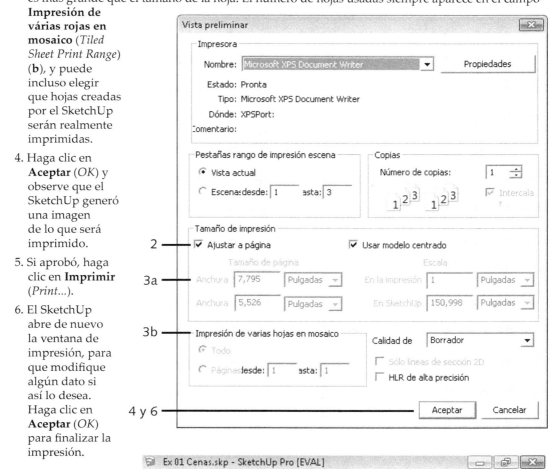

para imprimir un diseño sin punto de fuga, a escala definida

1. Vaya al menú **Cámara/Proyección paralela** (*Camera/Parallel Projection*). Note que ahora la proyección usada es ortogonal.

2. Si quiere alguna vista específica, use el menú **Cámara/Vistas estándar** (*Camera/Standard Views*); ajuste el zoom para encajar en la ventana de dibujo lo que quiere imprimir.

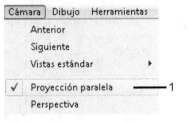

3. Vaya al menú **Archivo/Vista preliminar...** (*File/Print Preview...*).

4. Desactive las casillas **Ajustar a página** (*Fit to page*) (**a**) y **Usar extensión del modelo** (*Use model extents*) (**b**).

5. Use los campos **En la impresión** (*In the printout*) y **En el SketchUp** (*In SketchUp*) para regular la escala. En el campo **En la impresión** (*In the printout*) coloque un determinado tamaño en centímetros (1, por ejemplo). En el campo **En el SketchUp** (*In SketchUp*), coloque el valor equivalente, para dar la escala (100, por ejemplo). En este caso, configuró la impresión a escala 1:100.

6. Dependiendo de la escala utilizada, puede ser que el SketchUp determine que más de una página será usada. Puede verificar eso en el campo **Impresión de várias rojas en mosaico** (*Tiled Sheet Print Range*).

7. Haga clic en **Aceptar** (*OK*) y observe que el SketchUp generó una imagen de lo que será imprimido.

8. Si aprobó, haga clic en **Imprimir** (*Print...*).

9. El SketchUp abre de nuevo la ventana de impresión para que modifique algún dato, si lo desea. Haga clic en **Aceptar** (*OK*) para finalizar.

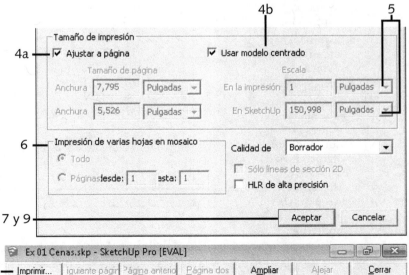

5.4 Generación de informes

El SketchUp es capaz de generar informes que contengan informaciones sobre los componentes en uso en su proyecto. Puede elegir un informe en HTML, para visualizar en cualquier browser (Internet Explorer, Firefox, Safari, etc.), o crear en CSV, para apertura en programas como Excel.

cómo generar un informe

1. Vaya al menú **Archivo/Generar informe...** (*File/Generate Report...*).

2. En la ventana que se abre, elija:

   a. **Todos los atributos de modelo** (*All model attributes*): Si quiere un informe con los datos de todos los objetos que están insertados en el modelo;

   b. **Atributos de la selección actual** (*Current selection attributes*): Se crea un informe con los datos de los objetos seleccionados.

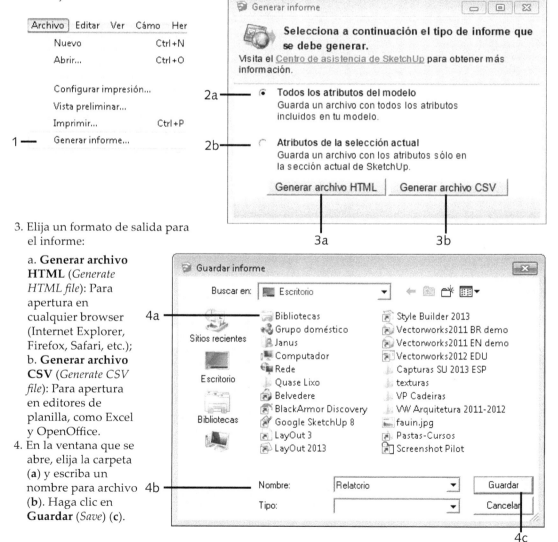

3. Elija un formato de salida para el informe:

   a. **Generar archivo HTML** (*Generate HTML file*): Para apertura en cualquier browser (Internet Explorer, Firefox, Safari, etc.);

   b. **Generar archivo CSV** (*Generate CSV file*): Para apertura en editores de planilla, como Excel y OpenOffice.

4. En la ventana que se abre, elija la carpeta (**a**) y escriba un nombre para archivo (**b**). Haga clic en **Guardar** (*Save*) (**c**).

5. Una pequeña ventana aparece, preguntando si quiere ver el archivo que acabó de grabar. Haga clic en **Sí**.

6. El SketchUp abrirá el programa indicado por el sistema para leer su archivo. En el ejemplo a seguir, el Firefox fue abierto para leer el informe creado en HTML. Note que el informe muestra todas las informaciones de cada componente, y también de eventuales subcomponentes.

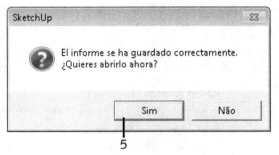

5

6

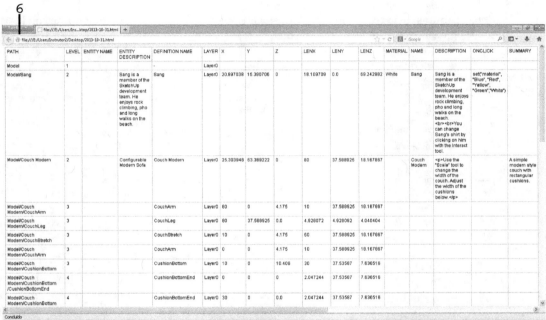

PATH	LEVEL	ENTITY NAME	ENTITY DESCRIPTION	DEFINITION NAME	LAYER	X	Y	Z	LENX	LENY	LENZ	MATERIAL	NAME	DESCRIPTION	ONCLICK	SUMMARY
Model	1			-	Layer0											
Model/Sang	2		Sang is a member of the SketchUp development team. He enjoys rock climbing, pho and long walks on the beach.	Sang	Layer0	20.997038	15.380706	0	18.109709	0.0	69.242982	White	Sang	Sang is a member of the SketchUp development team. He enjoys rock climbing, pho and long walks on the beach. You can change Sang's shirt by clicking on him with the Interact tool.	set("material", "Blue", "Red", "Yellow", "Greent", "White")	
Model/Couch Modern	2		Configurable Modern Sofa	Couch Modern	Layer0	25.303948	63.389222	0	80	37.588925	18.167867		Couch Modern	<p>Use the "Scale" tool to change the width of the couch. Adjust the width of the cushions below. </p>		A simple modern style couch with rectangular cushions.
Model/Couch Modern/CouchArm	3			CouchArm	Layer0	80	0	4.175	10	37.588925	18.167867					
Model/Couch Modern/CouchLeg	3			CouchLeg	Layer0	80	37.588925	0.0	4.928072	4.928092	4.040404					
Model/Couch Modern/CouchStretch	3			CouchStretch	Layer0	10	0	4.175	80	37.588925	18.167867					
Model/Couch Modern/CouchArm	3			CouchArm	Layer0	0	0	4.175	10	37.588925	18.167867					
Model/Couch Modern/CushionBottom	3			CushionBottom	Layer0	10	0	10.406	30	37.53587	7.636516					
Model/Couch Modern/CushionBottom/CushionBottomEnd	4			CushionBottomEnd	Layer0	0	0	0	2.047244	37.53587	7.636516					
Model/Couch Modern/CushionBottom	4			CushionBottomEnd	Layer0	30	0	0.0	2.047244	37.53587	7.636516					

Destaques de este capítulo

Escena
para crear una escena (pág. 145)

Sitúe al observador en la posición que desea, vaya al menú **Ventana/Escenas** (*Window/Scenes*) y haga clic en el botón +. El SketchUp graba todas las propiedades del observador en aquel momento con un nombre estándar.

Puede modificar el nombre de la escena, escribiéndolo en el campo **Nombre** (*Name*).

para actualizar una escena (pág. 146)

Cambie la posición del observador y/o modifique los ajustes de la vista, seleccione la escena que quiere actualizar y haga clic en **Actualizar** (*Update*).

Impresión
configurar la página (pág. 150)

Vaya al menú **Archivo/Configurar impresión**... (*File/Print Setup...*) y, en el campo **Papel** (*Paper*), escoja el tamaño de la hoja que está usando (A4, Carta...); e n el campo **Orientación** (*Orientation*), escoja si la impresión se hará en formato **Vertical** (*Portrait*) u **Horizontal** (*Landscape*).

para imprimir (pág. 151)

Vaya al menú **Archivo/Imprimir...** (*File/Print...*); si quiere que la imagen de la pantalla ocupe el mayor tamaño posible con relación a su hoja, haga clic en la casilla **Ajustar a página** (*Fit to page*); para imprimir en otro tamaño, desactive la casilla **Ajustar a página** (*Fit to page*) y escoja el tamaño de la imagen a imprimir.

Animación
escogiendo las escenas de referencia (pág. 147)

Vaya al menú **Ventana/Escenas** (*Window/Scenes*) y, para cada escena que quiere que participe en la animación, haga clic en su respectiva casilla **Incluir en la animación** (*Include in animation*).

para controlar los tiempos de la animación (pág. 147)

Vaya al menú **Ventana/Información del Modelo/ Animación** (*Window/Model Info/Animation*) y active la casilla **Activar transiciones de escena** (*Enable scene transitions*) para que la animación funcione. Más abajo, regule la duración de la transición entre escenas; el campo **Demora de escenas** (*Scene Delay*) se usa para definir cuántos segundos el SketchUp permanece mostrando una escena sin movimiento.

para realizar la animación (pág. 148)

Vaya al menú **Visualizar/Animación/Reproducir** (*View/Animation/Play*), y la animación empezará enseguida.

para exportar una animación cómo un vídeo (pág. 148)

Vaya al menú **Archivo/Exportar/Animación/ Vídeo...** (*File/Export/Animation/Video...*) y elija el formato .avi, si quiere abrir la animación directamente en un programa que muestre vídeos (Windows Media Player, QuickTime Player, etc.).

Generación de informes (pág. 153)
El SketchUp 8 es capaz de generar informes que contengan informaciones sobre los componentes en uso en su proyecto. Puede elegir un informe en HTML, para visualizar en cualquier browser (Internet Explorer, Firefox, Safari, etc.), o crear en CSV, para apertura en programas como Excel.

Actividades propuestas

Ej. 01 – Escenas

1. Abra el archivo **Cap05_Ej01.skp**.

2. Cree una escena observando la casa a partir de una vista frontal/izquierda (*fig. 53*).

3. Cree otra escena, con proyección paralela (menú **Cámara/Proyección paralela** (*Camera/Parallel Projection*)), de la vista frontal de la casa (*fig. 54*).

4. Use el menú **Cámara/Situar cámara** (*Camera/Position Camera*) para posicionar al observador enfrente de la casa, con 1,5m de altura. Cree una escena con este punto de vista (*fig.55*).

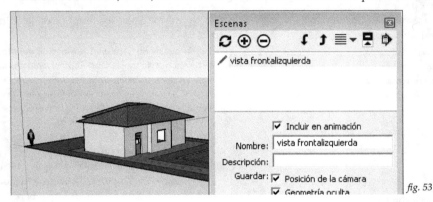

fig. 53

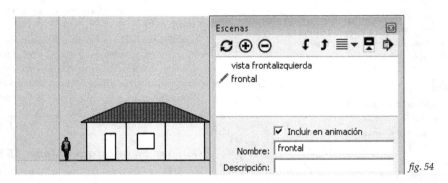

fig. 54

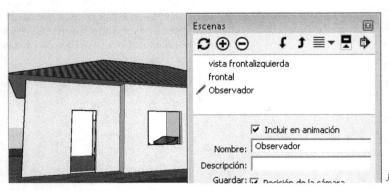

fig. 55

Ej. 02 – Animación

1. Abra el archivo **Cap05_Ej02.skp**.

2. En el menú **Ventana/Información del modelo/Animación** (*Window/Model Info/Animation*), determine 5 segundos de transición y 0 segundo de demora entre las escenas (*fig. 56*).

3. Vaya al menú **Visualizar/Animación/Reproducir** (*View/Animation/Play*) para observar cómo será su animación (*fig. 57*).

4. Haga clic en el botón **Detener** (*Stop*) para parar la prueba de animación (*fig. 58*).

5. Vaya al menú **Archivo/Exportar/Animación/Vídeo...** (*File/Export/Animation/Video...*) y crie una animación en formato **.mp4**, con 720p HD de resolución, y 10 cuadros por segundo (*fig. 59*).

6. Assista su animación en Windows Media Player o Quicktime Player (*fig. 60*).

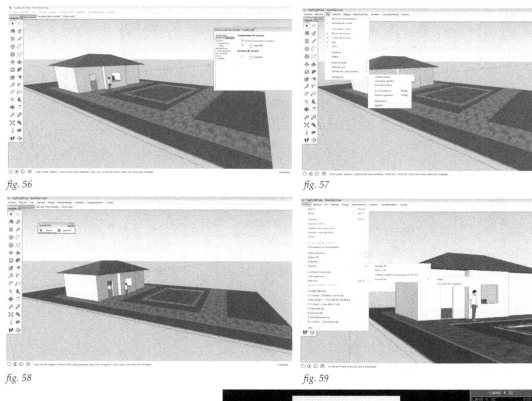

fig. 56   *fig. 57*

fig. 58   *fig. 59*

fig. 60

Ej. 03 – Impresión a escala

1. Abra el archivo **Cap05_Ej03_Topo.skp**.

2. Coloque al observador en vista de tope y modifique la proyección para paralela (menú **Cámara/ Proyección paralela** (*Camera/Parallel Projection*).

3. Vaya al menú **Archivo/Configurar impresión...** (*File/Print Setup...*) y configure la página para el formato A4, con orientación **Horizontal** (*Landscape*) (*fig. 61*).

4. En el menú **Archivo/Imprimir...** (*File/Print...*), imprima a escala 1:75, con calidad de impresión en **Alta definición** (*High Definition*) (*fig. 62*).

fig. 61

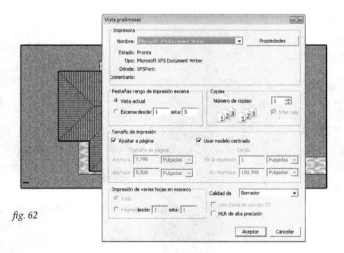

fig. 62

Ej. 04 – Generación de informes

1. Abra el archivo **Cap05_Ej04_.skp**.

2. Cree un informe, usando el menú **Archivo/Generar Informe...** (*File/Generate Report...*).

3. Abra el archivo en un programa como Internet Explorer o Firefox y observe el resultado.

Hasta ahora aprendí todo sobre cómo construir una casa o edificio. Pero necesito presentar mi proyecto dentro del terreno. Ya tengo los contornos y la posición del tereno, entonces tengo que saber

cómo crear
terrenos en 3D

En este capítulo aprenderá todo lo que el SketchUp es capaz de hacer para modelar un terreno. Puede empezar un terreno de cero, o bien usar contornos para crearlo. Aprenderá a modificarlo, crear superficies planas, rampas y otros elementos. También descubrirá cómo aplicar una imagen directamente en el terreno, para verificar de que manera la topografía modifica la percepción que tenemos de una planta urbana, por ejemplo.

Qué leerá en este capítulo

6.1 Cómo activar las herramientas de terreno

6.2 Crear terrenos a partir de un plano

6.3 Terrenos a partir de líneas de contornos

6.4 Superficies planas, rampas y otras modificaciones

6.5 Cómo aplicar una imagen en un terreno

6.1 Cómo activar las herramientas de terreno

cómo activar las herramientas de creación de terreno

1. Vaya al menú **Ventana/Preferencias** (*Window/Preferences*).

2. Haga clic en **Extensiones** (*Extensions*).

3. Active la casilla **Herramientas de caja de arena** (*Sandbox Tools*).

4. Haga clic en **Aceptar** (*OK*).

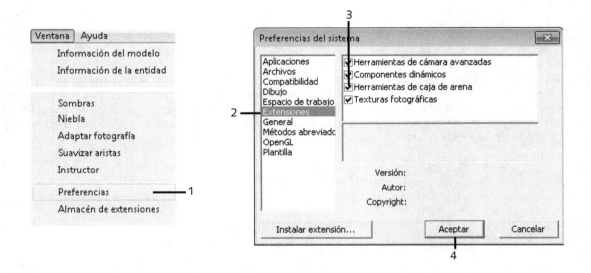

6.2 Crear terrenos a partir de un plano

El SketchUp dispone de una herramienta llamada **Desde cero** (*From Scratch*), que sirve para crear una malla rectangular plana. Modificará la altura de los vértices de esta malla, creando elevaciones y pendientes en el terreno.

cómo crear la base del terreno

1. Vaya al menú **Dibujo/Caja de arena/Desde cero** (*Draw/Sandbox/From Scratch*).

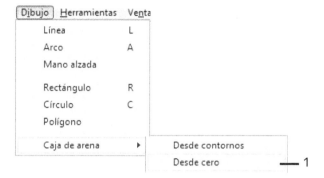

2. Escriba, en la caja **Medidas**, el valor del espacio entre los rectángulos de la malla y pulse **Intro** (*Enter*).

3. Haga clic en el punto desde donde desea iniciar la base del terreno.

4. Mueva el cursor para indicar el tamaño de la lateral del terreno y haga clic para confirmar.

5. Mueva el cursor en la otra dirección y haga clic una vez más para finalizar la base.

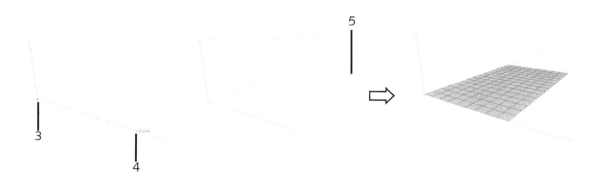

cómo crear elevaciones y pendientes en su terreno

1. Seleccione el terreno que será modelado.

2. Haga clic con el botón derecho del ratón sobre el terreno, y enseguida, haga clic en **Explotar** (*Explode*).

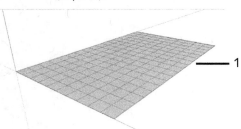

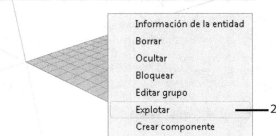

3. Vaya al menú **Herramientas/Caja de arena/ Esculpir** (*Tools/Sandbox/Smoove*).

4. Escriba, en la caja **Medidas**, el radio de influencia del movimiento de tierra que hará a seguir.

5. Haga clic en el punto del terreno que desea mover y arrastre el cursor hacia arriba y hacia abajo hasta conseguir el resultado esperado.

6. Haga clic para confirmar el movimiento de tierra.

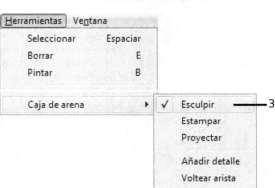

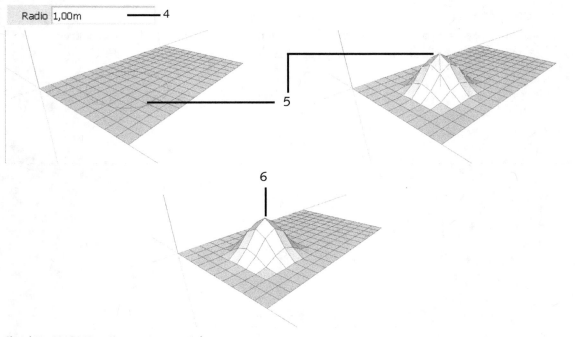

cómo modificar la altura apenas de determinados vértices

1. Seleccione los vértices del terreno cuyas alturas serán modificadas (para seleccionar vértices en diferentes partes del terreno, pulse la tecla **Mayús** (*Shift*)).

2. Vaya al menú **Herramientas/Caja de arena/Esculpir** (*Tools/Sandbox/Smoove*).

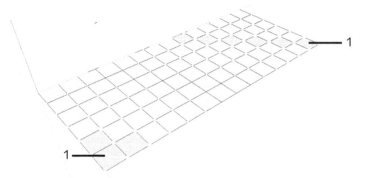

3. Escriba, en la caja **Medidas**, el radio de influencia del movimiento de tierra que hará a seguir.

4. Haga clic en algún punto del terreno y arrastre el cursor hacia arriba y hacia abajo hasta conseguir el resultado esperado.

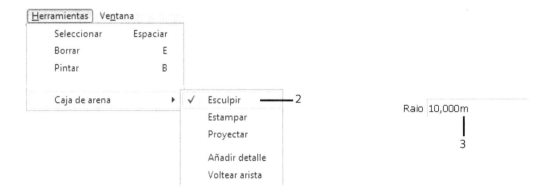

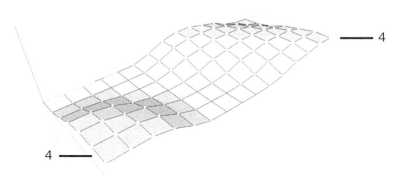

otras opciones interesantes

1. Para crear un vértice en cualquier espacio entre vértices del terreno, haga clic en la herramienta **Añadir detalle** (*Add Detail*) y, enseguida, haga clic en algún punto del terreno.

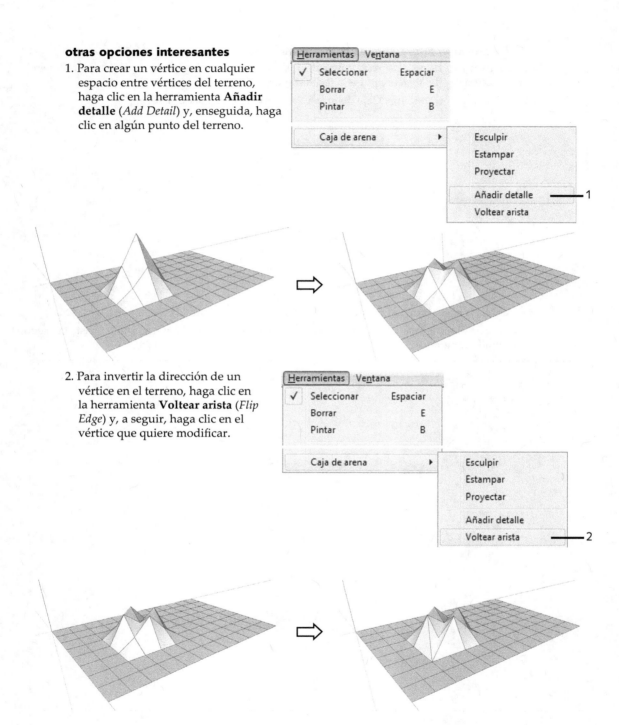

2. Para invertir la dirección de un vértice en el terreno, haga clic en la herramienta **Voltear arista** (*Flip Edge*) y, a seguir, haga clic en el vértice que quiere modificar.

6.3 Terrenos a partir de líneas de contornos

Puede dibujar o importar líneas de contornos ya hechos de otro programa de dibujo. El SketchUp es capaz de transformar estos contornos en un terreno 3D, que puede ser modificado posteriormente.

preparando los contornos

Para empezar a hacer un terreno a partir de líneas de contornos, necesita colocar cada línea a su respectiva altura. Para eso, haga lo siguiente:

1. Seleccione un contorno entero. Para ganar tiempo, puede hacer un doble clic en cualquier punto del contorno.

2. En la barra **Edit**, haga clic en la herramienta **Mover** (*Move*).

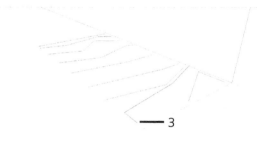

3. Haga clic en el contorno y arrástrelo hasta que alcance la altura deseada.

4. Si prefiere, después del clic, escriba un valor en la caja **Medidas** para hacer que el contorno suba o baje con una medida exacta.

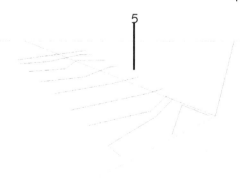

5. Repita este procedimiento hasta que todas las líneas estén ajustadas.

cómo crear el terreno desde contornos

1. Seleccione todas las líneas de contorno que compondrán el terreno.

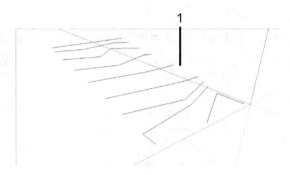

2. Vaya al menú **Dibujo/Caja de arena/ Desde contornos** (*Draw/Sandbox/ From Contours*) y el terreno se creará automáticamente.

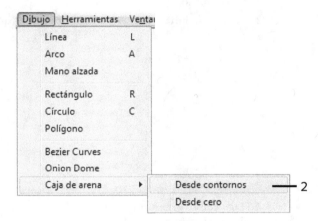

3. Si desea, puede mover el terreno, o crear una capa para él, con el objeto de modificarlo sin alterar las líneas de contorno originales.

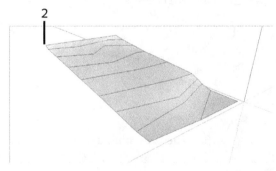

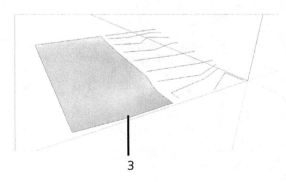

6.4 Superficies planas, rampas y otras modificaciones

Una vez que el terreno esté listo, puede modificarlo con algunas herramientas interesantes. Es posible crear superficies planas y rampas para implantar edificios y representar calles y otros cambios en la topografía. También hay una herramienta para modificar la textura aplicada en una parte del terreno.

cómo crear un superficie plana

1. Dibuje un polígono que tenga la forma de la superficie plana y posiciónelo debajo o encima del terreno.

2. Seleccione la cara del polígono que será la referencia de la superficie.

3. Vaya al mení **Herramientas/Caja de arena/ Estampar** (*Tools/Sandbox/Stamp*).

4. Escriba, en la caja **Medidas**, el valor de referencia para que el SketchUp pueda ajustar la superficie plana en el terreno y, enseguida, pulse **Intro** (*Enter*).

5. Haga clic en el terreno y arrastre el cursor hacia arriba o hacia abajo hasta que encuentre la posición ideal para su superficie.

6. Haga clic una vez más para finalizar.

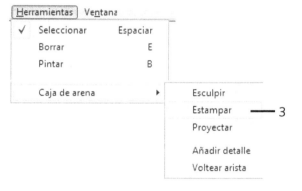

OBS No es posible escribir un valor preciso en altura para crear una superficie plana.

cómo crear una rampa

1. Dibuje un polígono que tenga la forma de la rampa y posiciónelo debajo, o encima, del terreno.

2. Con la herramienta **Mover** (*Move*), mueva una de las aristas del polígono en sentido vertical, hacia arriba o hacia abajo, indicando la inclinación de la rampa. Si prefiere, puede escribir un valor en la caja **Medidas** para cambiar la altura del vértice del polígono.

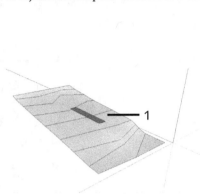

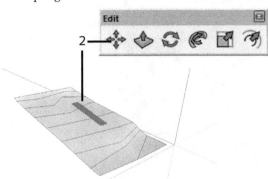

3. Seleccione la cara del polígono que será la referencia de la rampa.

4. Vaya al menú **Herramientas/Caja de arena/ Estampar** (*Tools/Sandbox/Stamp*).

5. Escriba, en la caja **Medidas**, el valor de referencia para que el SketchUp pueda ajustar la rampa en el terreno y, enseguida, pulse **Intro** (*Enter*).

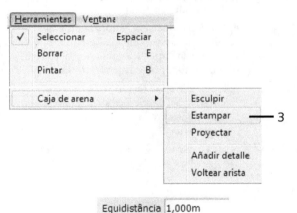

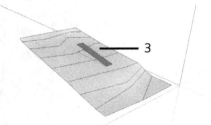

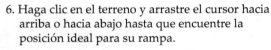

6. Haga clic en el terreno y arrastre el cursor hacia arriba o hacia abajo hasta que encuentre la posición ideal para su rampa.

7. Haga clic una vez más para finalizar.

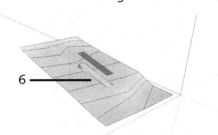

OBS No es posible escribir un valor preciso en altura para crear una rampa.

cómo proyectar un polígono y/o líneas en el terreno

1. Dibuje el polígono y/o líneas de referencia y posiciónelo abajo, o arriba, del terreno.

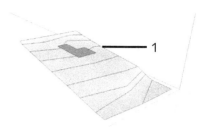

2. Seleccione los elementos que serán la referencia de dibujo.

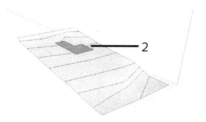

3. Vaya al menú **Herramientas/Caja de arena/ Proyetar** (*Tools/Sandbox/Drape*).

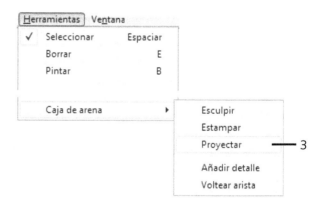

4. Haga clic en el terreno para confirmar. Observe que su terreno fue marcado a partir de la proyección del polígono.

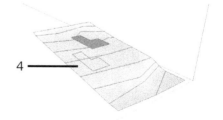

6.5 Cómo aplicar una imagen en un terreno

Después de crear un terreno, muchas veces queremos proyectar una imagen sobre él, posiblemente una foto aérea o una imagen de satélite. A seguir aprenderá cómo hacerlo.

preparación de los objetos para a aplicar la imagen

Para estampar una imagen en un terreno, precisará:

1. Un terreno listo, modificado o no. Este terreno debe estar en una posición distinta de las líneas de contorno que servirán de referencia para su creación.

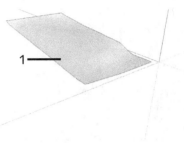

2. Una imagen para aplicar, que debe haber sido importada con la opción **Importar**... (*Import...*).

3. La imagen debe estar encima o debajo del terreno. Tanto la imagen como el terreno deberán estar ajustados en posición y tamaño para que la aplicación sea perfecta.

cómo realizar la aplicación de la imagen

1. Haga clic en el terreno con el botón de la derecha y elija la opción **Explotar** (*Explode*).

2. Haga clic en la imagen con el botón de la derecha y elija la opción **Explotar** (*Explode*).

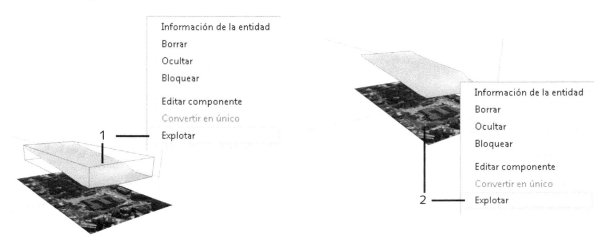

3. Vaya al menú **Ventana/Materiales** (*Window/Materials*) (**a**) y haga clic en la herramienta **Elegir muestra** (*Sample Paint*) (**b**).

4. Haga clic en cualquier punto de la imagen.

5. Haga clic en cualquier punto del terreno. Observe la aplicación de la imagen.

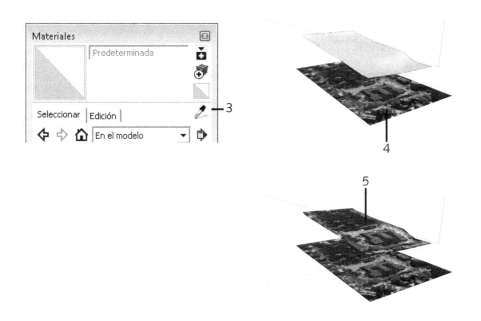

Destaques de este capítulo

Activar las herramientas de terreno

cómo activar las herramientas de creación de terreno (pág. 160)

Vaya al menú **Ventana/Preferencias** (*Window/Preferences*), haga clic en **Extensiones** (*Extensions*) y active la opción **Caja de arena** (*Sandbox Tools*); para verificar si las herramientas se activaron, vaya al menú **Ver/Barra de herramientas/Caja de arena** (*View/Toolbars/Sandbox*).

Crear terrenos a partir de un plano

cómo crear la base del terreno (pág. 161)

Vaya al menú **Dibujo/Caja de arena/Desde cero** (*Draw/Sandbox/From Scratch*); escriba, en la caja **Medidas**, el valor del espaciado entre los rectángulos de la malla y pulse **Intro** (*Enter*). Haga clic en el punto desde donde desea iniciar la base del terreno; arrastre el cursor para indicar el tamaño de la lateral del terreno y haga clic para confirmar; arrastre el cursor en la otra dirección y haga clic una vez más para finalizar la base.

cómo crear elevaciones y pendientes en su terreno (pág. 162)

Seleccione el terreno que será modelado, haga clic con el botón derecho del cursor sobre él y, enseguida, haga clic en **Explotar** (*Explode*); en la barra **Caja de arena** (*Sandbox*), haga clic en la herramienta **Esculpir** (*Smoove*); escriba, en la caja **Medidas**, el radio de influencia del movimiento de tierra que hará a seguir. Haga clic en el punto del terreno que desea mover y arrastre el cursor hacia arriba y hacia abajo hasta conseguir el resultado deseado; haga clic para confirmar.

Terrenos a partir de líneas de contornos

crear el terreno a partir de las líneas (pág. 165)

Seleccione todas líneas que compondrán el terreno; haga clic en la herramienta **Desde contornos** (*From Contours*), y el terreno será automáticamente creado.

Superficies planas, rampas y otras modificaciones

cómo crear una superficie plana (pág. 167)

Dibuje un polígono que tenga la forma de la superficie plana y posiciónelo debajo o encima del terreno; seleccione la cara del polígono que será la referencia de la superficie plana y haga clic en la herramienta **Estampar** (*Stamp*). Escriba, en la caja **Medidas**, el valor de referencia para que el SketchUp pueda ajustar la superficie en el terreno y, en seguida, pulse **Intro** (*Enter*); haga clic en el terreno y arrastre el cursor hacia arriba o hacia abajo hasta que encuentre la posición ideal para su superficie plana; haga clic una vez más para finalizar.

cómo crear una rampa (pág. 168)

Dibuje un polígono que tenga la forma de la rampa; mueva una de las aristas del polígono en sentido vertical, hacia arriba o hacia abajo, indicando la inclinación de la rampa. Seleccione la cara del polígono que será la referencia de la rampa y después haga clic en la herramienta **Estampar** (*Stamp*). Escriba, en la caja **Medidas**, el valor de referencia para que el SketchUp pueda ajustar la rampa en el terreno y, enseguida, pulse **Intro** (*Enter*); haga clic en el terreno y arrastre el cursor hacia arriba o hacia abajo hasta encontrar la posición ideal para su rampa; haga clic una vez más para finalizar.

cómo proyectar un polígono y/o líneas en el terreno (pág. 169)

Dibuje un polígono y/o líneas de referencia y selecciónelos; haga clic en la herramienta **Proyectar** (*Drape*) y, en seguida, haga clic en el terreno para confirmar.

Cómo aplicar una imagen en un terreno

cómo aplicar la imagen (pág. 171)

Haga clic en el terreno con el botón de la derecha y elija al opción **Explotar** (*Explode*); haga clic en la imagen con el botón derecho y elija la opción **Explotar** (*Explode*); en el menú **Ventana/Materiales** (*Window/Materials*), haga clic en la herramienta **Elegir muestra** (*Sample Paint*). Haga clic en cualquier punto de la imagen y después haga clic en cualquier punto del terreno.

Actividades propuestas

Ej. 01 – Crear un terreno

1. Abra el archivo **Cap06_Ej01.skp** (*fig. 63*).

2. Seleccione cada línea de contorno y mueva, con la herramienta **Mover** (*Move*), hasta la altura deseada.

3. En nuestro ejemplo, la primera línea fue elevada 8 metros, la segunda 7 metros, y así sucesivamente (*fig. 64*).

4. Seleccione todas las líneas de contorno y use la herramienta **Desde contornos** (*From Contours*) para crear el terreno (*fig. 65*).

5. Use la herramienta **Mover** (*Move*) para mover el terreno creado. Vea que las curvas originales permanecen en el dibujo (*fig. 66*).

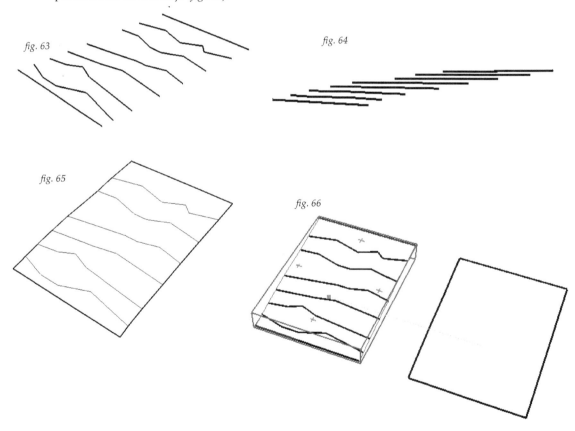

fig. 63

fig. 64

fig. 65

fig. 66

Ej. 02 – Edición del terreno

1. Abra el archivo **Cap06_Ej02.skp**.

2. Seleccione la cara del círculo y use la herramienta **Proyectar** (*Drape*). Haga clic en el terreno y observe el resultado (*fig. 67*).

3. Seleccione la cara del rectángulo, que será la referencia para la superficie plana y use la herramienta **Estampar** (*Stamp*), ajustando la medida para 1m. Haga clic en el terreno y mueva el cursor hasta definir la altura deseada (*figs. 68* y *69*).

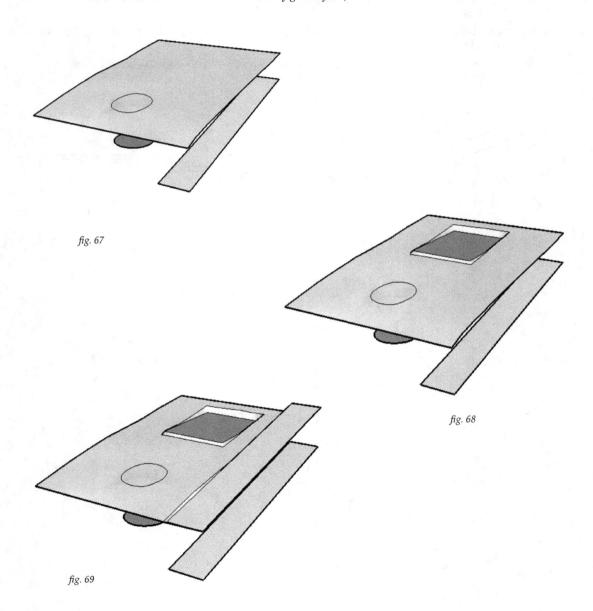

fig. 67

fig. 68

fig. 69

Tengo varios proyectos y quisiera crear croquis con algunos de ellos. Algunas veces necesito crear croquis con muchas vistas del mismo trabajo. No quiero usar otros programas, hasta porque me dijeron que consigo

montar croquis con el SketchUp LayOut

El SketchUp LayOut es un programa hecho para montar croquis y presentaciones a partir de uno o más modelos de SketchUp. Puede tener, en un archivo, una o más croquis de dibujo con viewports importados de archivos de SketchUp, que se actualizan siempre que alguna modificación ocurra en el archivo original. El LayOut es un programa completo e independiente del SketchUp, distribuido gratuitamente a quien compra el SketchUp Pro.

Que leerá en este capítulo

7.1 Configuraciones iniciales

7.2 Herramientas de dibujo y edición

7.3 Insertando proyectos del SketchUp

7.4 Organización y presentación del proyecto

7.1 Configuraciones iniciales

El LayOut, como mencionado anteriormente, es un programa independiente del SketchUp y por eso posee configuraciones propias de tamaño de página, unidades y modelos de dibujo. Vea a seguir los principales ajustes iniciales del programa.

para configurar la página y los márgenes

1. Vaya al menú **Archivo/Configuración de documento...** (*File/Document Setup...*).

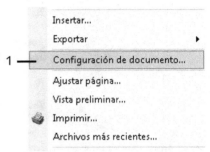

2. En la ventana que se abre, haga clic en **Papel** (*Paper*).
3. En el campo indicado, elija entre los tamaños-estándar de papel.
4. Elija la orientación del papel, **Horizontal** (*Landscape*) o **Vertical** (*Portrait*).
5. Si quiere un tamaño de papel distinto de los indicados en 3, escriba los valores deseados en **Anchura** (*Width*) y **Altura** (*Height*).
6. Determine un color para el papel, en el campo indicado, haciendo clic y arrastrando el color a partir de la ventana **Color** (*Color*).
7. Haga clic en el cuadro **Imprimir color del papel** (*Print Paper Color*), si quiere imprimir el color del papel elegido en **6**.
8. Haga clic en este botón para activar y desactivar los márgenes de las páginas.

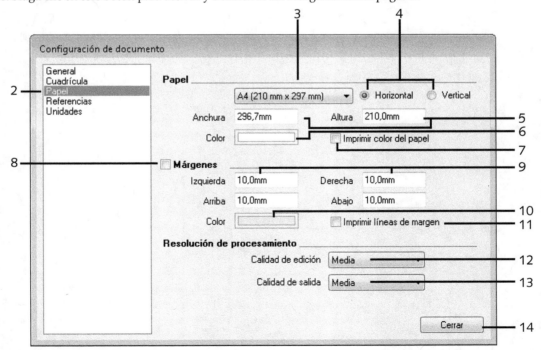

9. Defina, en estos campos, los valores para los márgenes de cada lado de las páginas.

10. Determine un color para el margen, en el campo indicado, haciendo clic y arrastrando a partir de la ventana **Color** (*Color*).

11. Haga clic en el cuadro **Imprimir líneas de margen** (*Print Margin Lines*), si quiere imprimir el color del margen elegido en **10**.

12. En **Calidad de edición** (*Edit Quality*), elija la calidad de presentación de los viewports en la pantalla.

13. En **Calidad de salida** (*Output Quality*), elija la calidad de presentación de los viewports en la impresión.

14. Haga clic en **Cerrar** (*Close*) para cerrar y guardar las modificaciones.

cómo ajustar las unidades

1. Vaya al menú **Archivo/Configuración de documento...** (*File/Document Setup...*).

2. En la ventana que se abre, haga clic en **Unidades** (*Units*).

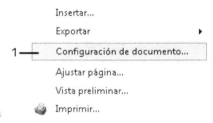

3. En el campo **Formato** (*Format*), elija entre el formato **Decimal** (que divide una unidad en décimos) y el **Fraccionario** (*Fractional*) (que divide una unidad en fracciones).

4. En este campo, elija las unidades usadas como referencia en la página. Generalmente, elegimos la opción **Centímetros** (*Centimeter*).

5. En el campo **Precisión** (*Precision*), establezca cuántas casillas decimales se usarán.

6. Haga clic en **Cerrar** (*Close*) para cerrar y guardar las modificaciones.

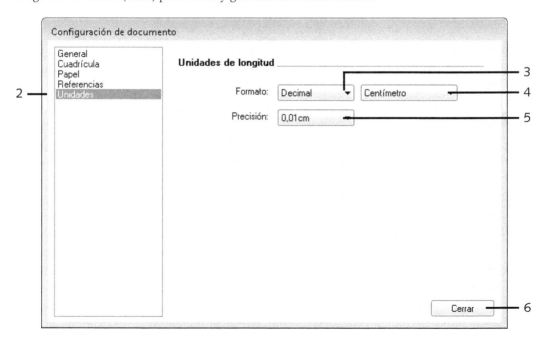

para guardar un documento como una plantilla

1. Vaya al menú **Archivo/Guardar como plantilla...** (*File/Save As Template...*).

2. En la ventana que se abre, escriba el nombre del modelo de diseño a ser creado.

3. Elija en que carpeta grabará el modelo de diseño: **Mis plantillas** (*My Templates*) o **Plantillas predeterminadas** (*Default Templates*).

4. Haga clic en **Aceptar** (*OK*).

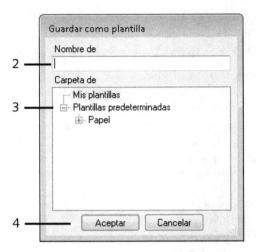

7.2 Herramientas de dibujo y edición

Las herramientas de dibujo del SketchUp LayOut son muy sencillas. Es posible diseñar usando medidas, pero recuerde que esas herramientas se deben usar para crear márgenes, sellos indicadores y no diseños de proyecto.

herramientas para dibujar objetos 2D

1 — Líneas ▸
2 — Arcos ▸
3 — Rectángulos ▸
4 — Círculos ▸
5 — Polígono
6 — Texto
7 — Etiqueta
8 — Acotaciones ▸

1. **Líneas** (*Lines*): Dibuja líneas y/o polígonos irregulares. Haga un clic para cada vértice del polígono deseado. Pulse la tecla **ESC** para finalizar.

2. **Arcos** (*Arcs*): Escogerá entre cuatro maneras de dibujar un arco: por centro y radio, por dos extremos y centro, por tres puntos o por el método **Pie** (centro y radio con líneas de contorno alrededor.).

3. **Rectángulos** (*Rectangles*): Permite elegir entre cuatro tipos: el rectángulo propiamente dicho, y los "rectángulos" **Cantos redondeados** (*Rounded*), **Ovalado** (*Bulged*) y **Abaulado** (*Lozenge*), que crean lados o vértices redondeados con pequeñas diferencias entre sí.

4. **Círculos** (*Circles*): Puede usar esta herramienta para crear círculos o elipsis.

5. **Polígono** (*Polygon*): Dibuja polígonos regulares.

6. **Texto** (*Text*): Crea textos.

7. **Etiqueta** (*Label*): Crea textos con indicaciones (flechas) de referencia.

8. **Acotaciones** (Dimensions): Permite elegir entre dos tipos: acotación **Linear** y acotación **Angular.**

uso de la herramienta Seleccionar (Select) en la edición de objetos 2D

1. **Alargar** o **acortar**: Seleccione el objeto que quiera deformar y aproxime el cursor sobre la extremidad que será modificada. Cuando el cursor asuma la forma de una flecha de deformación, haga clic y arrastre el ratón para cambiar el tamaño del objeto.

2. **Mover**: Seleccione el objeto que quiere mover. Cuando el cursor asuma la forma de una cruz, haga clic y arrastre el ratón para mover-lo.

3. **Rotar**: haga clic sobre el objeto que pretende rotar y aproxime el cursor sobre el círculo rojo central, cuando el cursor asuma la forma de flechas circulares, haga clic y arrastre para indicar la rotación que desea.

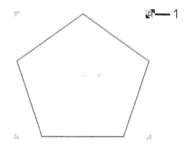
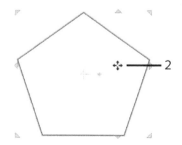
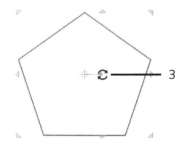

otras herramientas de edición de objetos 2D

1. En el menu **Herramientas** (*Tools*):

a. **Borrar** (*Erase*): Para borrar líneas y caras.
b. **Estilo** (*Style*): Permite seleccionar el color de un objeto y usar a él en otro objeto.
c. **Dividir** (*Split*): Permite dividir un objeto a partir de una línea dibujada.
d. **Unir** (*Join*): Permite juntar objetos.

2. En el menu **Organizar** (*Arrange*):

a. **Poner en primer plano** (*Bring to Front*): Coloca el objeto por encima de todos los otros.
b. **Traer al frente** (*Bring Forward*): Coloca el objeto un nivel arriba.
c. **Retroceder un nivel** (*Send Backward*): Coloca el objeto un nivel abajo.
d. **Enviar al fondo** (*Send to Back*): Coloca el objeto debajo de todos los otros.
e. **Alinear** (*Align*): Controla las opciones de alineación de los objetos.
f. **Espaciar** (*Space*): Controla el espacio entre los objetos.
g. **Centrar** (*Center*): Controla la posición de los objetos con relación a la página.
h. **Dar la vuelta** (*Flip*): Invierte el objeto (horizontal o verticalmente).

7.3 Insertando proyectos del SketchUp

Esta es la parte más importante del trabajo con el LayOut. Va a insertar una o más vistas de su proyecto, usando un recurso llamado viewport. Es posible crear viewports de cualquier archivo de SketchUp; cada uno de ellos tiene sus propios ajustes de visibilidad y presentación, como se verá a seguir.

cómo insertar un proyecto del SketchUp en un archivo nuevo del LayOut

1. Vaya al menú **Archivo/Enviar a LayOut** (*File/Send to LayOut*).

2. El LayOut abrirá una nueva ventana. Elija el archivo: puede ser un modelo de diseño (**a**) o un archivo existente del LayOut (**b**).

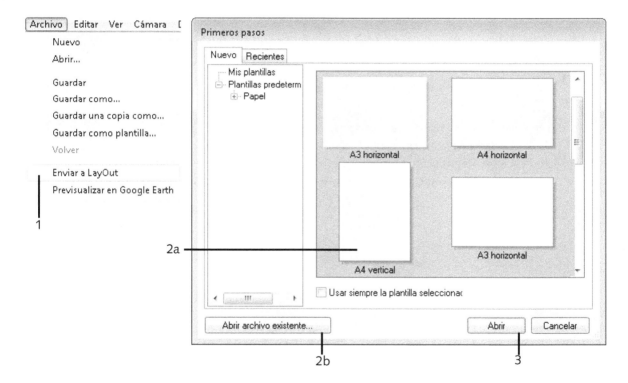

cómo insertar un proyecto del SketchUp en un archivo existente del LayOut

1. Abra el archivo del LayOut que recibirá el proyecto del SketchUp.

2. Vaya a **Archivo/Insertar...** (*File/Insert...*).

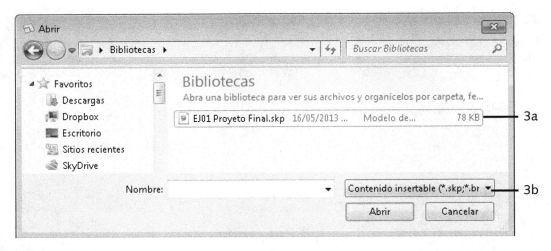

3. En la ventana que se abre, elija el archivo de SketchUp que será insertado (**a**) y después haga clic en **Abrir** (*Open*) (**b**).

cómo modificar la forma del viewport

1. Dibuje el polígono que será la referencia de recorte del viewport.

2. Con la tecla **Mayús** (*Shift*) presionada, seleccione los dos objetos (viewport y polígono).

3. Vaya al menú **Edición/Crear máscara de imagen** (*Edit/Make Clipping Mask*). Observe que el viewport fue recortado con el formato del objeto dibujado.

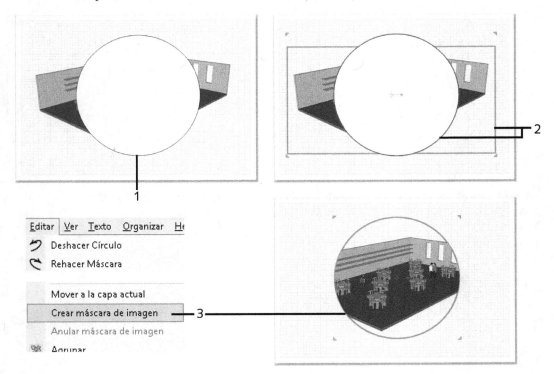

cómo editar la vista de un viewport

Los comandos de edición de vista de un viewport están en la ventana **Modelo de SketchUp** (*SketchUp Model*), en la pestaña **Ver** (*View*):

1. **Escenas** (*Scenes*): Haga clic para elegir la escena del archivo original que será usada como referencia para el viewport. Si no tiene ninguna escena grabada, el SketchUp adopta la última usada como referencia.

2. **Vistas estándar** (*Standard Views*): Haga clic en la barra para elegir entre las vistas estándar del SketchUp.

3. **Ortog.** (*Ortho*): Haga clic para accionar la proyección ortogonal en su vista (**a**); Al accionar este botón, la barra al lado se activa (**b**) para que pueda elegir la escala usada en el viewport.

4. Haga clic en **Mantener la escala** (*Preserve Scale on Resize*) si quiere que el LayOut mantenga la escala del viewport incluso cuando modifique el tamaño de él.

5. **Sombras** (*Shadows*): Haga clic en este botón para accionar las sombras proyectadas en el viewport (**a**). Cuando se lo acciona, este botón libera los ajustes de hora (**b**) y fecha (**c**) de la proyección de sombras.

6. **Niebla** (*Fog*): Haga clic en este botón para accionar el uso de niebla en este viewport (**a**). Para funcionar correctamente, la niebla debe estar conectada al archivo original. Cuando accionada, podrá elegir entre ajustar un color específico para la niebla (**b**), o usar el color de fondo del documento (**c**).

para editar el estilo de un viewport

Los comandos de edición de vista de un viewport están en la ventana **Modelo de SketchUp** (*SketchUp Model*), en la pestaña **Estilos** (*Styles*):

1. Haga clic en este botón para elegir entre los estilos de su archivo o aquellos de la biblioteca del programa.

2. En esta área hará clic para abrir carpetas que contienen estilos, del mismo modo como accionar el estilo que quiere aplicar.

3. Haga clic en uno de estos botones para modificar en vista de la ventana indicada en **2**. El primer botón (**a**) organiza la ventana en lista y el segundo (**b**) en íconos grandes.

4. **Fondo** (*Background*): Haga clic para activar el fondo del estilo.

5. **Grosor de línea** (*Line Weight*): Escriba un valor en este cuadro para determinar la espesura de las líneas de su viewport.

ajustes de render de un viewport

Los ajustes de render de un viewport están en la parte inferior de la ventana **Modelo de SketchUp** (*SketchUp Model*):

1. Haga clic en **Autom.** (*Auto*) para conectar o desconectar la renderización automática del viewport.

2. Haga clic en **Procesar** (*Render*) para renderizar el viewport. Este botón sólo está activo cuando el cuadro **Autom.** (*Auto*) está desactivado.

3. Esta señal indica que el viewport sufrió una actualización y debe ser nuevamente renderizado.

4. Haga clic en este botón para elegir entre las opciones de renderização para el viewport: **Vectorial** (*Vector*) (**a**), recomendado para viewports sin estilos aplicados; **Raster** (**b**), para viewports con estilos e **Híbrido** (*Hybrid*) (**c**), que mezcla las dos opciones anteriores.

7.4 Organización y presentación del proyecto

Así como otros programas de dibujo, el LayOut cuenta con algunos sistemas que facilitan y organizan la producción de sus presentaciones. Puede crear cada croquis en una página y organizar los objetos de dibujo en capas para mejorar el control de la visualización. Es necesario recordar que estos recursos (páginas y capas) no tienen coordinación con las escenas y capas del SketchUp.

para cambiar la familia, tamaño y estilo de un texto

1. Seleccione el texto que quiere cambiar.

2. En la ventana **Estilo de Texto** (*Text Style*), se puede eligir los cambios deseados:

   a. **Familia** (*Family*): Elige la fuente del texto seleccionado;
   b. **Estilo** (*Typeface*): Permite cambiar el tipo del texto (normal, negrito, itálico);
   c. **Tamaño** (*Size*): Determina el tamaño del cuerpo del texto.

3. Observe que el texto fué modificado.

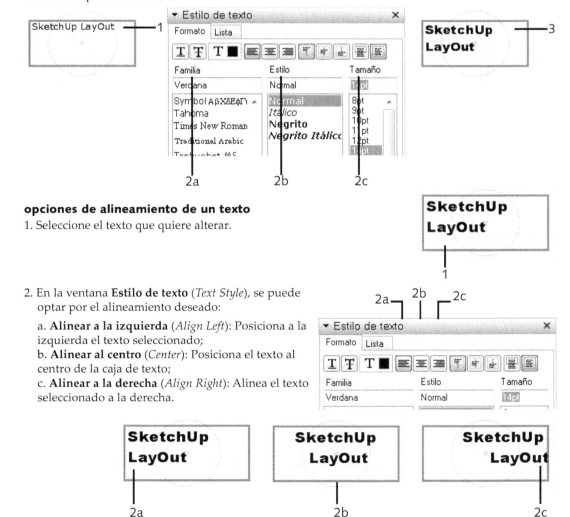

opciones de alineamiento de un texto

1. Seleccione el texto que quiere alterar.

2. En la ventana **Estilo de texto** (*Text Style*), se puede optar por el alineamiento deseado:

   a. **Alinear a la izquierda** (*Align Left*): Posiciona a la izquierda el texto seleccionado;
   b. **Alinear al centro** (*Center*): Posiciona el texto al centro de la caja de texto;
   c. **Alinear a la derecha** (*Align Right*): Alinea el texto seleccionado a la derecha.

cómo cambiar el color de un texto

1. Seleccione el texto que quiere cambiar.

2. En la ventana **Estilo de texto** (*Text Style*) haga clic sobre el **botón indicado**.

3. En la ventana **Colores** (*Colors*), seleccione el color deseado. Observe que el texto quedó con el color eligido.

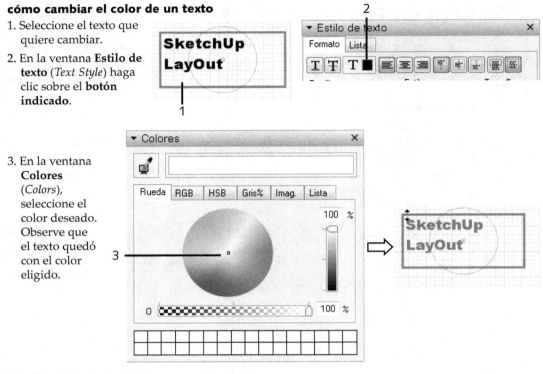

para hacer una acotación en un viewport

1. Observe si el viewport a ser acotado está en proyección ortogonal y en una vista estándar.

2. Haga clic en la herramienta **Acotación** (*Dimension*).

3. Haga clic en el punto de início de la dimensión (**a**), mueva el ratón y haga clic en el punto final a ser acotado (**b**); mueva el mouse para establecer la posición de la acotación y haga clic para finalizar (**c**).

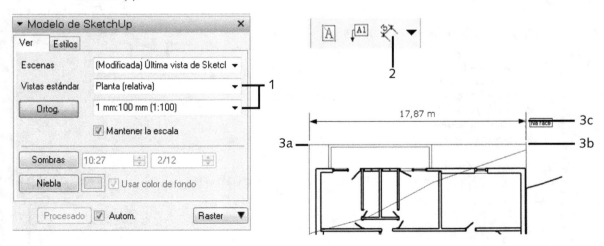

cómo cambiar una dimensión de una acotación - y volver atrás

1. Para forzar la alteración en una acotación, haga doble clic sobre ella (**a**); en seguida, escriba el valor que quiere en lugar del valor original (**b**). Para confirmar, tecle **Enter**.

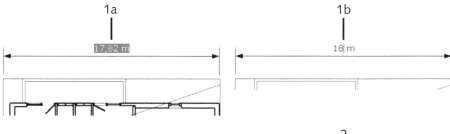

2. Para mostrar el valor original, borre todo el texto de la acotación y, en seguida, teclee **Enter**.

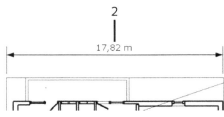

cómo utilizar las capas del LayOut

Puede usar capas para controlar la visibilidad de objetos en una página, como en otros programas. También puede compartir una capa. De ese modo, todo lo que pone en una capa compartida puede aparecer en todas las páginas de un archivo.

para crear y renombrar una capa

1. En la ventana **Capas** (*Layers*), haga clic en el botón indicado. Una nueva capa se crea.

2. Para renombrarla, haga doble clic sobre su nombre. Escriba el nuevo nombre de la capa.

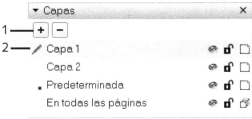

otros ajustes de capas

1. Para cambiar la visibilidad de una capa, vaya a la ventana **Capas** (*Layers*), haga clic encima del ícono ojo de la capa que desea hacer invisible. Para tornarla visible otra vez, haga clic en el mismo ícono.

2. También puede bloquear una capa, para impedir el movimiento y la modificación de sus objetos. Para activar y desactivar el bloqueo de una capa, haga clic encima del ícono bloqueado correspondiente.

3. Al activar esta opción, la capa relacionada puede quedar visible en todas las páginas de este archivo, para que pueda usar uno o más objetos en distintas páginas.

cómo usar las páginas y la presentación

Puede usar páginas como croquis para imprimir su proyecto, o entonces (y también) como presentación en pantalla llena. Cada página puede o no exhibir objetos colocados en capas compartidas.

para crear, renombrar y controlar la visualización de una página

1. Para crear una nueva página, vaya a la ventana **Páginas** (*Pages*) y haga clic sobre el ícono indicado. Note que una nueva página fue creada.

2. Para renombrar una página, haga doble clic sobre el nombre de ella y escriba el nuevo nombre.

3. Clic en el botón indicado para permitir que la página señalada forme parte de la presentación.

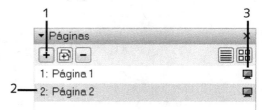

cómo ejecutar la presentación

1. Vaya al menú **Ver/Iniciar presentación** (*View/Full Screen*).

2. Sus páginas de LayOut aparecerán ocupando toda la presentación. Para alternar entre las páginas, use las flechas del teclado.

3. Para volver al modo de presentación normal, pulse **ESC**.

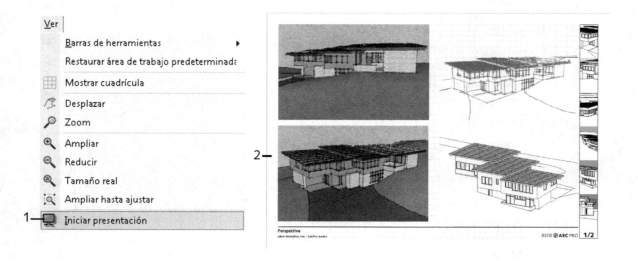

cómo usar y grabar anotaciones hechas durante una presentación

1. Cuando esté en modo de presentación, puede usar el cursor para hacer anotaciones en la página. Al hacer clic y arrastrar, es como si estuviese usando un bolígrafo.

2. Cuando vuelva al modo de pantalla normal (pulse **ESC**), el LayOut preguntará si desea guardar las anotaciones hechas; haga clic en **Sí**, en el caso que quiera mantener las anotaciones en el dibujo.

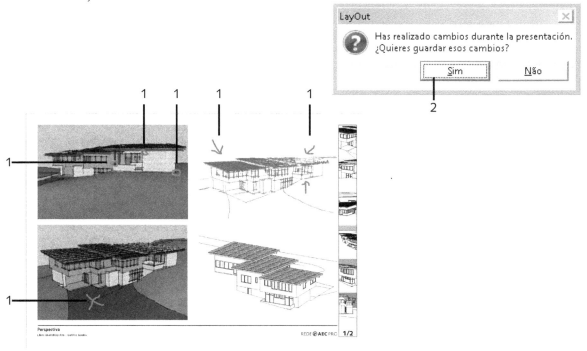

3. Observe que las anotaciones se guardan en una nueva capa, nombrando con la fecha de la anotación.

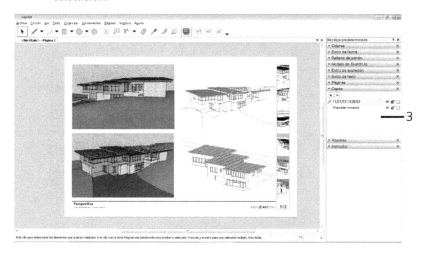

Destaques de este capítulo

Configuraciones iniciales

para configurar la página y los márgenes (pág. 176)

Vaya al menú **Archivo/Configuración de documento...** (*File/Document Setup...*). En la ventana que se abre, haga clic en **Papel** (*Paper*); configure el tamaño y la orientación del papel; el color del papel y de los márgenes y la resolución de las imágenes en la impresión.

cómo ajustar las unidades (pág. 177)

Vaya al menú **Archivo/Configuración de documento...** (*File/Document Setup...*) y haga clic en **Unidades** (*Units*); elija la unidad que será usada y defina su formato (**Decimal** o **Fraccional** (*Fractional*)); establezca, en el campo **Precisión** (*Precision*), cuántas casillas decimales se usarán.

para guardar un documento como plantilla (pág. 178)

Vaya al menú **Archivo/Guardar como plantilla...** (*File/Save as Template...*); escriba el nombre del modelo del dibujo a ser creado; elija en que carpeta grabará el modelo: **Mis plantillas** (*My Templates*) o **Plantillas predeterminadas** (*Default Templates*) y haga clic en **Aceptar** (*OK*).

Insertar proyectos del SketchUp

cómo insetar un proyecto del SketchUp en un nuevo archivo del LayOut (pág. 181)

Vaya al menú **Archivo/Enviar al LayOut** (*File/Send to LayOut*); en el LayOut, elija el archivo (puede ser un modelo de diseño) donde será insertado el viewport del archivo y haga clic en **Abrir** (*Open*).

cómo modificar la forma del viewport (pág. 182)

Dibuje el polígono que será la referencia de recorte del viewport y, con la tecla **Mayús** (*Shift*) presionada, seleccione los dos objetos (viewport y polígono); vaya el menú **Edición/Crear máscara de recorte** (*Edit/Make Clipping Mask*).

cómo editar la vista de un viewport (pág. 183)

Puede editar la vista del viewport por la pestaña **Vista** (*View*) y los estilos de presentación, por la pestaña **Estilos** (*Styles*).

Herramientas de dibujo y edición

herramientas para dibujar objetos 2D (pág. 179)

Use las herramientas **Línea** (*Lines*), **Arco** (*Arcs*), **Rectángulo** (*Rectangles*), **Círculo** (*Circles*), **Polígono** (*Polygon*). puede usar las herramientas **Text** (*Texto*) y **Etiqueta** (*Etiqueta*) para escribir.

edición de objetos 2D (pág. 180)

Para editar objetos, use la herramienta **Seleccionar** (*Select*) para mover, rotar, estirar o reducir cualquier objeto.

Los comandos **Colocar en primer plano** (*Bring to Front*), **Traer hacia adelante** (*Bring Forward*), **Retroceder un nivel** (*Send Backward*) y **Enviar al fondo** (*Send to Back*) modifican la posición de un objeto con relación a los otros.

Puede ordenar varios objetos con los comandos **Alinear** (*Align*), **Espaciar** (*Space*) y **Centralizar** (*Center*) y puede usar el **Girar** (*Flip*) para invertir el objeto.

Organización y presentación del proyecto

cómo utilizar las capas del LayOut (pág. 187)

Puede usar las capas para controlar la visibilidad de objetos en una página, como en otros programas. Puede compartir una o más capas. Todo lo que se coloca en una capa compartida puede aparecer en todas las páginas de un archivo.

cómo usar las páginas y la presentación (pág. 188)

Puede usar las páginas como croquis para imprimir su proyecto, o entonces (y también) como pantallas de una presentación. Cada página puede además mostrar o no objetos situados en capas compartidas.

Actividades propuestas

Ej. 01 – Configuraciones y modelo

1. Abra el archivo **Cap07_Ej01.layout**.

2. Configure las unidades del documento, por el menú **Archivo/ Configuración de documento...** (*File/Document Setup...*) (*fig. 70*).

3. Guarde el archivo como modelo.

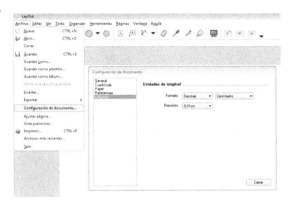

fig. 70

Ej. 02 – Sello

1. Abra el archivo **Cap07_Ej02.layout**.

2. Abra el archivo **Cap07_Ej02.pdf**, que contiene el dibujo de referencia.

3. Use las herramientas de dibujo del LayOut para crear una etiqueta como el del archivo de referencia (*fig. 71*).

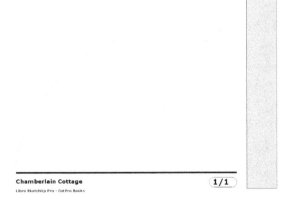

fig. 71

Chamberlain Cottage   1/1
Libro SketchUp Pro - CstPro Books

Ej. 03 – Insertar archivo de SketchUp

1. Abra el archivo **Cap07_Ej03.layout**.

2. Inserte tres viewports del archivo **Cap07_Ej03.skp**:

    a. Haga un viewport externo, en **perspectiva** (*fig. 72*).

    b. Haga un viewport en **vista frontal**, sin perspectiva, a escala 1:250 (*fig. 72*).

    c. Haga un viewport en **vista de planta** también sin perspectiva y a escala 1:250 (*fig. 72*).

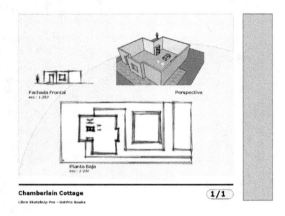

fig. 72

Ej. 04 – Páginas y capas

1. Abra el archivo **Cap07_Ej04.layout**.

2. Cree una nueva página y dé el nombre de **Página 2** (*fig. 73*).

3. Cree una nueva capa y llámela de **Etiqueta** (*fig. 74*).

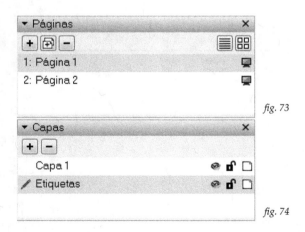

fig. 73

fig. 74

4. Sitúe los objetos (líneas, rectángulos, etc.) que componen la etiqueta en la capa **Etiqueta**.

5. Comparta la capa **Etiqueta** (*fig. 75*) y observe como los elementos de la etiqueta aparecen en la otra página (*fig. 76*).

6. En la **Página 2**, inserte nuevos viewports del archivo **Cap07_Ej03.skp**, para completar la presentación de su proyecto (*fig. 77*).

fig. 75

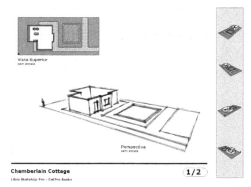

fig. 76

fig. 77

Yo sepa puedo hacer mil cosas con las herramientas estándar del SketchUp, pero en algún momento yo necesito recursos más sofisticados, nuevos objectos o herramientas que hacen SketchUp más poderoso. Yo escuché que para eso necesito aprender cómo utilizar la

Galería de Extensiones y Galería 3D

Puede ampliar la productividad de su trabajo utilizando la Galería de Extensiones y la Galería 3D. Sepa en este capitulo cómo buscar y bajar herramientas para el SketchUp, y también a descargar objectos y publicar proyectos en la Galería 3D.

Que leerá en este capítulo

8.1 Cómo y porque utilizar la Galería de Extensiones

8.2 Cómo importar un objeto de la Galería 3D (3D Warehouse)

8.3 Cómo publicar un objeto en la Galería 3D (3D Warehouse)

8.1 Cómo y por qué utilizar la Galería de Extensiones

Siguiendo la tendencia de muchos otros fabricantes de software, SketchUp ya tiene su propia tienda de extensiones, llamada Galería de Extensiones. Ahora és mucho más fácil buscar una aplicación para SketchUp y descargarla. La instalación se realiza de forma automático (en la mayoría de los casos) y la gestión de estas herramientas ha evolucionado considerablemente.

para abrir la Galería de Extensiones

1. En la barra **Warehouse**, clic en **Galería de Extensiones** (también se puede utilizar un navegador web, escribiendo http://www.extensions.sketchup.com).

2. La ventana de la **Galería de Extensiones** (*Extension Warehouse*) se abrirá, y puede comenzar a explorar.

   a. Estos son los tradicionales botones para navegación **Atrás**, **Adelante** y **Inicio** (*Back*, *Next* y *Home*);

   b. Debe utilizar su cuenta de Google para **Iniciar sesión** y descargar las extensiones;

   c. Escriba una cadena y haga clic en la lupa para buscar todas las extensiones relacionadas;

   d. Haga clic en **Examinar todas las extensiones** para ver todas las extensiones listadas en la Galería;

   e. Haga clic en cualquier link de esta zona (separados en Categorías y Sectores) para tener acceso a las listas de extensiones relacionadas;

   f. Este cuadro muestra las mejores extensiones (más descargados) para todas las industrias, o la que ha seleccionado en la barra;

   g. Este cuadro muestra los mejores desarrolladores, que son las parsonas que más contribuye para la Galería de extensiones;

   h. Si quiere saber cómo desarrollar y distribuir las extensiones de la Galería, haga clic en este enlace para tener toda la información.

cómo descargar una extensión

El proceso de descarga de una extensión varía de uno a otro distribuidor, pero la mayoría de las veces las cosas van a suceder de la manera que se describe a continuación.

1. Después de encontrar la extensión que desea utilizar, haga clic en **Instalar**. Si encuentra **Get this Extension**, escrito por el contrario, la instalacion de la extension no será automática y el resto de los pasos seguientes no tendrá ningún uso.

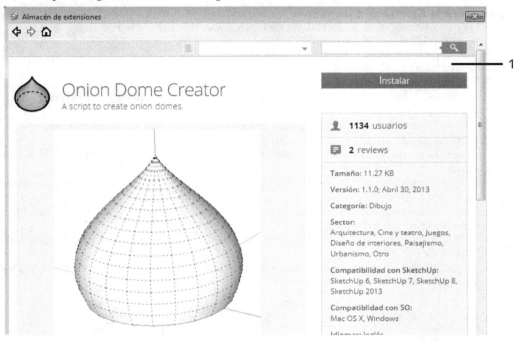

2. Haga clic en **Sí** para permitir que SketchUp descargar e instalar esta extensión para ti.

3. A continuación, tendrá que comprobar si la extensión se hizo disponible como una barra (**a**) o como un comando del menú **Ventana** (*Window*) o **Plug-ins** (*Plugins*) (**b**).

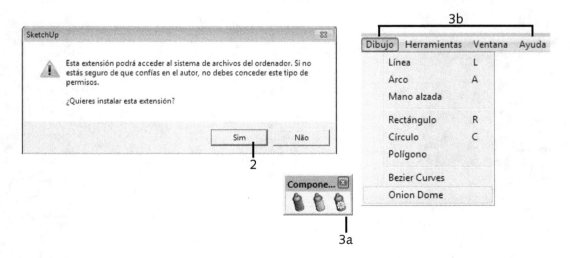

cómo desinstalar una extensión descargada desde la Galería de Extensiones

La Galería de Extensiones ayuda a desinstalar fácilmente una extension. Para ello, siga estos pasos:

1. En la barra **Warehouse** elija **Galería de Extensiones** (*Extension Warehouse*).

2. Conécte con su cuenta del Google.

3. Ahora tiene que localizar la extensión que desee desinstalar, escriba el nombre en el campo de búsqueda y haga clic en la lupa.

4. Observe el botón rojo llamado **Desinstalar** (*Uninstall*). Clic.

5. Siga los siguientes pasos y haga clic en **Sí** para desinstalar la extensión.

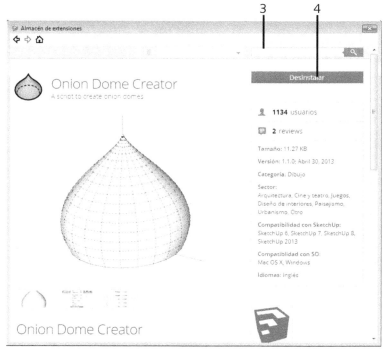

cómo instalar una extensión que no está en la Galería de Extensiones

Si desea instalar una extensión que no está en la lista de la Galería de Extensiones (por ejemplo, una extensión disponible en el foro SketchUcation) tienes que descargarlo (debe ser uno o más archivos .rbz) y siga estos pasos:

1. Vaya al menú **Ventana/Preferencias** (*Window/Preferences*).

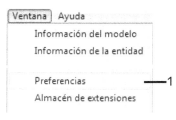

2. Clic en **Extensiones**
(*Extensions*) (**a**) y luego haga
clic en **Instalar Extensión...**
(*Install Extension*) (**b**)....

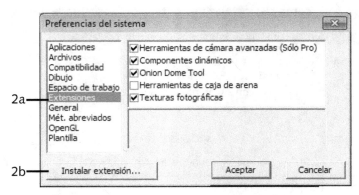

3. Busque la extensión (archivo .rbz) que desea instalar (**a**) y haga clic en **Abrir** (*Close*) (**b**).

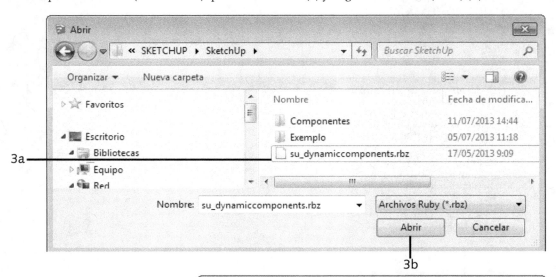

4. Clic en **Sí** para instalar esta
extensión.

5. Después, comprobe se la
extensión se hizo disponible
como barra o como un
comando del menú **Ventana**
(*Window*) o **Plugins** (*Plugins*).

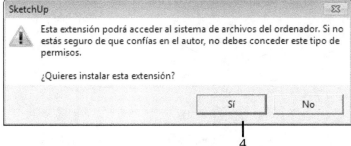

OBS No hay ninguna manera de quitar o desinstalar una extensión que no se ha descargado desde la **Galería de Extensiones**, directamente desde SketchUp (sólo tiene la opción para deshabilitarlo, en el panel de Extensiones). Para eliminar por completo este tipo de extensión, debe buscar en la carpeta SketchUp/Plugins y borrar manualmente. Mejor hacerlo con SketchUp cerrado.

8.2 Cómo importar un objeto de la Galería 3D

Hay dos maneras de traer un objeto de la Galería 3D. La primera de ellas permite que importe el objeto directamente a su archivo, y la otra permite grabar el objeto como un archivo separado de SketchUp, para ser usado en cualquier proyecto posteriormente.

cómo importar un objeto directamente al archivo activo

1. En la barra **Warehouse**, haga clic en **Obtener modelos** (*Get Models*).

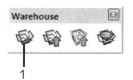

2. La ventana de la **Galería 3D** (*Trimble Warehouse*) surgirá automaticamente. Busque el objeto que quiere importar, escribiendo un nombre en el campo indicado y haga clic en **Buscar** (*Search*) (**a**). Ubíquelo y luego vas a ver un botón llamado **Descargar modelo** (*Download Model*). Haga clic en él (**b**).

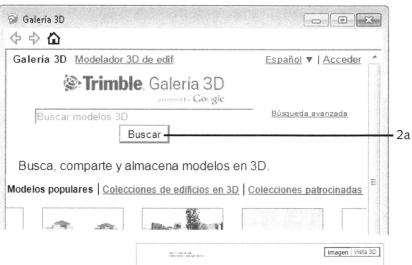

3. Una ventana se abrirá, preguntando si desea usar el objeto dentro de su archivo activo. Haga clic en **Sí.**

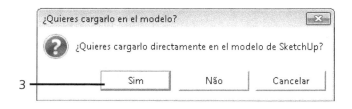

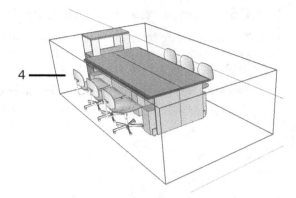

4. Note que el objeto ahora está adherido al cursor. Haga clic donde quiere posicionar el objeto.

cómo traer un objeto de la Galería 3D como un archivo independiente

1. En la barra **Warehouse**, haga clic en **Obtener modelos** (*Get Models*).

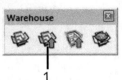

2. La ventana de la **Galería 3D** (*Trimble Warehouse*) aparecerá automaticamente. Busque el objeto que quiere importar, escribiendo un nombre en el campo indicado y haciendo clic en **Buscar** (*Search*) (**a**). Luego de encontrarlo, vá a ver el botón **Descargar modelo** (*Download Model*). Haga clic en él (**b**).

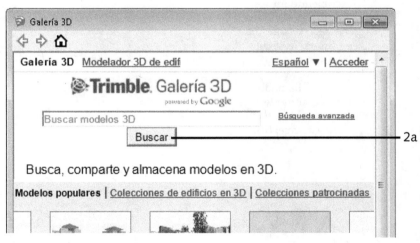

3. Una ventana se abrirá, preguntando si quiere usar el objeto dentro de su archivo activo. Haga clic en **No**.

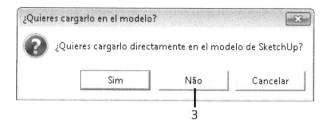

3

4. Otra ventana puede abrirse, preguntando si quiere abrir el archivo o sólo guardarlo. Haga clic en **Guardar** (*Save*).

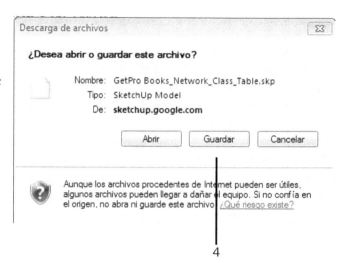

4

5. En la ventana que se abre, elija la carpeta donde el archivo será grabado (**a**) y escriba el nombre (**b**).

6. Haga clic en **Guardar** (*Save*) para finalizar el proceso.

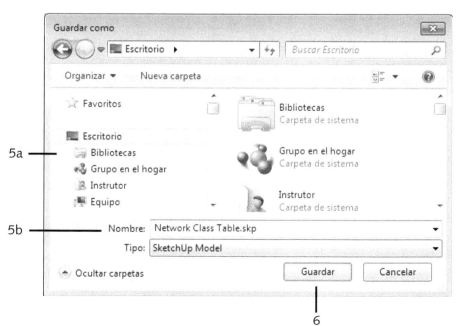

6

8.3 Cómo publicar un objeto en la Galería 3D

Cualquier objeto que haya creado en el SketchUp se puede publicar en la Galería 3D, para que cualquier persona pueda utilizarlo. Sin embargo, es necesario que tenga, o cree, una cuenta en Google para publicar su proyecto en SketchUp.

para publicar un objeto en la Galería 3D (3D Warehouse)

1. Seleccione el objeto que desea publicar en la Galería 3D.

2. En la barra **Warehouse**, haga clic en **Compartir modelo** (*Share Model*).

3. Una ventana se abrirá, pidiendo que entre con su nombre (**a**) y contraseña (**b**) de su cuenta en Google. Escriba los datos y, enseguida, haga clic en **Acceder** (*Sign In*) (**c**). Si no tiene una cuenta, haga clic en **Crear una cuenta ahora** (*Create an account now*) (**d**).

4. Complete las informaciones sobre su objeto, como **Título** (*Title*), **Descripciòn** (*Description*) y otros.

5. Haga clic en **Subir** (*Upload*).

6. Observe que una nueva ventana se abre, con su modelo ya publicado. A partir de ahora, cualquier usuario de la Galería 3D puede descargar y usar su modelo.

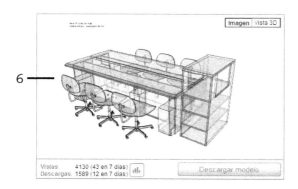

Destaques de este capítulo

Para abrir la Galería de Extensiones (pg. 195)

En la barra **Warehouse**, clic en la **Galería de Extensiones**. La ventana de la **Galería de Extensiones** (*Extension Warehouse*) se abrirá, y puede comenzar a explorar. Debe utilizar su cuenta de Google para conectar y descargar extensiones. Escriba una cadena de búsqueda y haga clic en la lupa para buscar las extensiones relacionadas con la investigación. Si usted quiere saber cómo desarrollar y distribuir las extensiones de la Galería, haga clic en **Centro de desarrolladores** para tener toda la información.

cómo descargar una extensión (pg. 196)

El proceso de descarga de una extensión varía de uno a otro distribuidor, pero en la mayoría de las veces es como los siguientes pasos. Después de encontrar la extensión que desea utilizar, haga clic en **Instalar**. Si, en su lugar, tiene un botón llamado "**Get this Extension**", la instalación de la extensión no és automática y no se utilizan los siguientes pasos. Elija **Sí** para o SketchUp descargar y instalar la extensión para ti. Después compruebe si la extensión está disponible como una herramienta o como un comando del menú **Ventana** (*Window*) o **Plugins** (*Plugins*).

Cómo instalar una extensión que no está en la Galería de Extensiones (pg. 197)

Para esto, deberá descargarlo (debe ser uno o más archivos. rbz) y siga los siguientes pasos. En el menú **Ventana** (*Window*), elíja **Preferencias** (*Preferences*). Haga clic en **Extensiones** (*Extensions*) y clic en **Instalar Extensión...** (*Install Extension...*). Localice la extensión (archivo .rbz) que desee instalar (a) y clic en **Abrir**. Clic en **Sí** para instalar esta extensión. Después, compruebe se la extensión esta disponible como barra o como un comando do menú **Ventana** (*Window*) o **Plugins** (*Plugins*).

cómo importar un objeto directamente al archivo activo (pág. 199)

En la barra **Warehouse**, haga clic en **Obtener modelos** (*Get Models*); ubique el objeto que quiere importar. Cuando lo encuentre, verá un botón llamado **Descargar modelo** (*Download Model*). Haga clic en él. Una ventana se abrirá, preguntando si quiere usar el objeto dentro de su archivo activo. Haga clic en **Sí** y note que el objeto ahora está adherido al cursor. Haga clic donde desea posicionar el objeto.

para traer un objeto de la Galería 3D como un archivo independiente (pág. 200)

En la barra **Warehouse**, haga clic en **Obtener modelos** (*Get Models*); ubique el objeto que quiere importar. Cuando lo encuentre, verá un botón llamado **Descargar modelo** (*Download Model*). Haga clic en el.

Una ventana se abrirá, preguntando si quiere usar el objeto dentro de su archivo activo. Haga clic en **No**; otra ventana puede abrirse, preguntando si desea abrir el archivo o guardarlo. Haga clic en **Guardar** (*Save*) y elija la carpeta donde el archivo será grabado; haga clic en **Guardar** (*Save*) para finalizar el proceso.

para publicar un objeto en la Galería 3D (pág. 202)

Seleccione el objeto que quiere publicar en la Galería 3D, y en la barra **Warehouse**, haga clic en **Compartir modelo** (*Share Model*).

Una ventana se abrirá, pidiendo su nombre y contraseña de su cuenta de Google. Si no tiene una cuenta, haga clic en **Crear una cuenta ahora** (*Create an account now*). Escriba las informaciones sobre su objeto.

Haga clic en **Subir** (*Upload*) y observe que una nueva ventana se abrirá, con su modelo ya publicado. A partir de ahora cualquier usuario de la Galería 3D puede bajar y usar su modelo.

Actividades propuestas

Ex. 01 – Descargar una extensión do Galería de Extensiones

1. Se puede utilizar cualquier archivo de SketchUp para seguir estos pasos.

2. Vaya a barra **Warehouse/Galería de Extensiones** y accede con tu cuenta de Google.

3. Clic en la categoría **Dibujo** (*fig. 83*).

4. Desplácese por la página hasta encontrar el complemento **Onion Dome Creator**. Haga clic. (*fig. 84*).

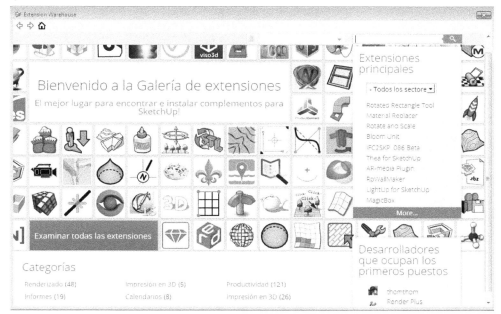

fig. 83

fig. 84

5. Haga clic en **Instalar** (*fig. 85*) y siga los pasos para finalizar la instalación.

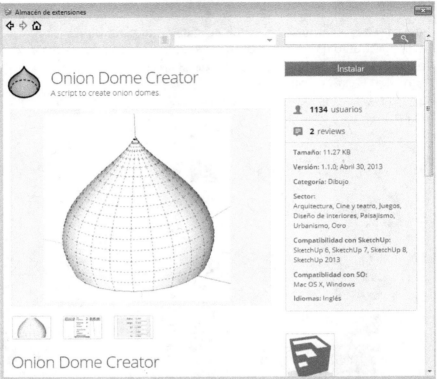

fig. 85

6. Asegúrese de que el suplemento **Onion Dome** se instaló en el menú **Dibujo** (*fig. 86*). Pruebe el suplemento para ver si funciona correctamente.

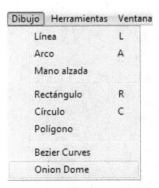

fig. 86

Ej. 02 – Importar objeto de la Galería 3D

1. Abra el archivo **Cap08_Ej02.skp**.

2. Haga clic en la herramienta **Warehouse/Obtener modelos** (*Warehouse/Get Models*) y encuentre la **GetPro Books Class Table** (*fig. 83* y *fig. 84*).

3. Descargue la mesa en su archivo y póngala en algún sitio de la casa (*fig. 85*).

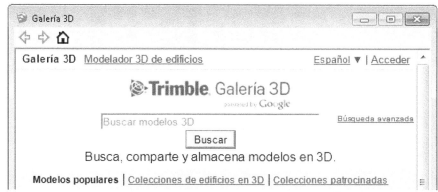

fig. 83

fig. 84

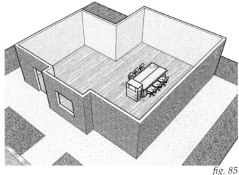

fig. 85

Ej. 03 – Exportar objeto para la Galería 3D

1. Abra el archivo **Cap08_Ej03.skp**.

2. Haga algunas modificaciones en la GetPro Books Class Table (*fig. 86*).

3. Use la herramienta **Warehouse/Compartir modelo** (*Warehouse/Share Model*) para publicar su mesa en la Galería 3D. No olvide colocar, entre las palabras clave, las palabras "ProBooks" y "GetPro", así todos podrán ver su trabajo.

fig. 86

Una vez completado el proyecto, quiero ponerlo en Google Earth, quiero enviar imágenes a mis clientes y también tengo que generar los dibujos ejecutivos. Necesito saber cómo SketchUp puede utilizarse para

interacción con Google Earth y otros programas

El SketchUp es uno de los programas de diseño por computadora más comunicativo que existe. Usted puede ver el modelo en Google Earth, exportar o importar archivos de 3D Studio Max y Auto CAD directamente del menú del SketchUp, y hay plug-ins de exportación e importación para Revit, Vectorworks, ArchiCAD, Artlantis, entre otros.

Que leerá en este capítulo

9.1 Cómo ve su proyecto en Google Earth

9.2 Importación y exportación de imágenes

9.3 Importación y exportación de archivos DWG

9.4 SketchUp y los otros programas

9.1 Cómo ver su proyecto en el Google Earth

Después de importar un lugar del Google Earth al SketchUp, puede crear su proyecto por encima de la imagen, para exportarlo de nuevo al Google Earth.

para exportar y abrir el proyecto directamente en el Google Earth

1. Seleccione el proyecto o la parte del proyecto a ser exportado.

2. En **Barra Google** (*Google Toolbar*), haga clic en **Colocar modelo** (*Place Model*).

3. Observe que el Google Earth se abre automáticamente y su modelo aparece listado en la ventana **Lugares/Lugares temporales** (*Places/Temporary places*), generalmente con el nombre de **SUPreview0**.

4. Para confirmar que desea mantener su proyecto en el Google Earth, haga clic sobre el nombre y arrástrelo hasta el ítem **Mis lugares** (*My Places*).

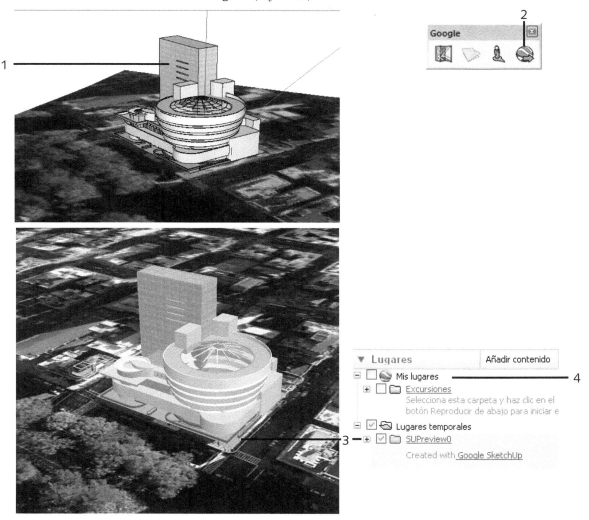

cómo exportar el proyecto de SketchUp y abrir en el Google Earth posteriormente

1. Seleccione el proyecto o la parte del proyecto a ser exportado.

2. Vaya al menú **Archivo/Exportar/Modelo 3D...** (*File/Export/3D Model...*).

3. En la ventana que se abre, elija la carpeta donde el archivo será grabado (**a**), escriba el nombre (**b**) y elija el formato de exportación **Archivo de Google Earth** (*Google Earth File*) (**.kmz**) (**c**).

4. Haga clic en **Exportar** (*Export*) para finalizar el proceso en el SketchUp.

5. En el Google Earth, vaya al menú **Archivo/Abrir** (*File/Open*) Ctrl+O.

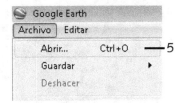

6. En la ventana que se abre, ubique el archivo.

7. Haga clic en **Abrir** (*Open*).

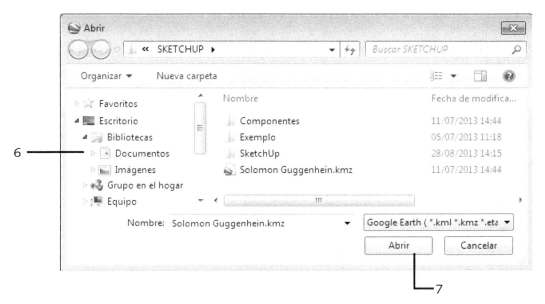

8. Observe que su modelo aparece listado en la ventana **Lugares/Lugares temporales**, generalmente con el nombre de **SUPreview0**.

9. Para confirmar que quiere mantener su proyecto en el Google Earth, haga clic sobre el nombre y arrástrelo hasta el ítem **Mis lugares** (*My Places*).

9.2 Importación y exportación de imágenes

Puede importar imágenes en el SketchUp para usar como textura, pintando objetos, o como imagen, para dibujar por encima. El proceso de exportación de imágenes es bastante fácil y extremadamente importante, porque permite que use imágenes de su proyecto para montar presentaciones o bien hacer el arte-final en otros programas.

para importar una imagen suelta

1. Vaya al menú **Archivo/Importar...** (*File/Import...*).

2. Seleccione el archivo de imagen que desee importar.

3. Haga clic en **Usar como imagen** (*Use as image*).

4. Haga clic en **Abrir** (*Open*).

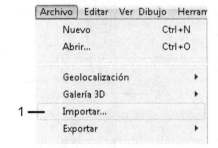

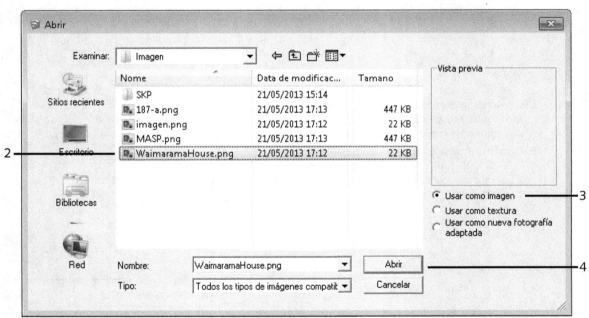

OBS1 Para usar una imagen como material, consulte en la pág. **86**.

OBS2 Para saber cómo crear objetos con la ayuda de imágenes, consulte en la pág. **101**.

para exportar una imagen

1. Sitúe al observador en la posición que desea. Ajuste el punto de vista (con o sin punto de fuga), sombras, texturas, ejes, y conecte o desconecte **Capas** (*Layers*), **Planos de sección** (*Section Planes*) y objetos escondidos, para dejar la imagen como la desea.

2. Vaya al menú **Archivo/ Exportar/Gráfico 2D...** (*File/ Export/2D Graphic...*).

3. Escriba el nombre del archivo (**a**) y elija su formato en el campo **Tipo** (*Export Type*) (**b**). Puede elegir entre los formatos de imagen .JPG, .EPS, .BMP, .TIF, .PNG, .EPX. También puede exportar en formato .PDF.

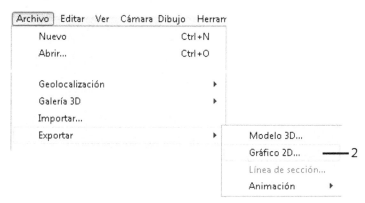

4. Para configurar la salida de la imagen, haga clic en **Opciones...** (*Options...*) (**a**), en la parte inferior derecho de la ventana. Cada formato de imagen tiene su propia ventana de opciones. Después de configurar las opciones, haga clic en **Aceptar** (*OK*) (**b**).

5. El SketchUp vuelve a la ventana anterior. Haga clic en **Exportar** (*Export*) para finalizar.

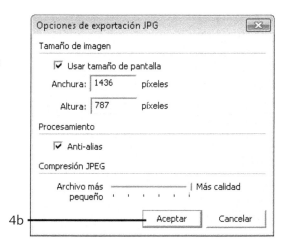

9.3 Importación y exportación de archivos DWG

Es muy común que el diseño de un proyecto se haga en formato DWG, usado por programas como el AutoCAD. El SketchUp es capaz de importar y exportar sus diseños en este formato.

para importar un archivo DWG

1. Configure las unidades en **Ventana/Información del modelo/Unidades** (*Window/Model Info/Units*) para las mismas unidades usadas en el archivo DWG.

2. Vaya al menú **Archivo/ Importar...** (*File/Import...*).

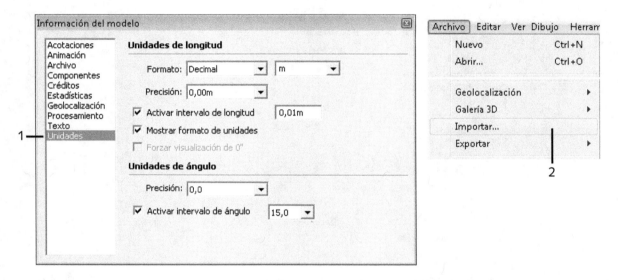

3. En la barra **Archivos de tipo**, elija la opción **Archivos de AutoCAD** (*ACAD Files*) (***.dwg, *.dxf**).

4. Seleccione el archivo que desea importar.

5. Para configurar la importación, haga clic en el botón **Opciones...** (*Options...*), del lado derecho de la ventana.

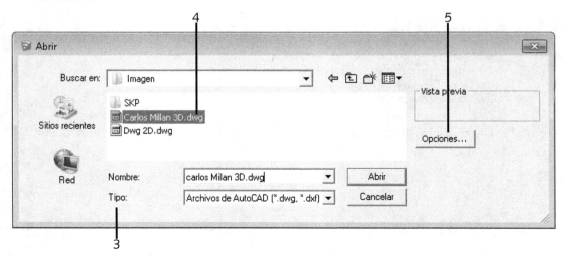

6. Configure las opciones de la ventana:

a. **Unir caras coplanarias** (*Merge coplanar faces*): Une en una cara todas aquellas que estén en el mismo plano;
b. **Orientar caras uniformemente** (*Orient faces consistently*): Coloca todas las caras externas con determinado color y las internas con otro;
c. **Unidades** (*Units*): Escoge las unidades usadas en el archivo de origen;
d. **Mantener origen del dibujo** (*Preserve drawing origin*): Hace que el SketchUp recuerde el origen del dibujo.

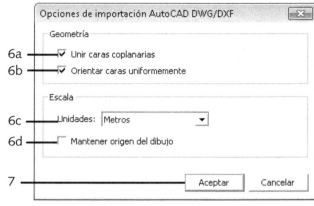

7. Haga clic en **Aceptar** (*OK*) y vea que el SketchUp vuelve a la ventana anterior.

8. Haga clic en **Abrir** (*Open*) para finalizar.

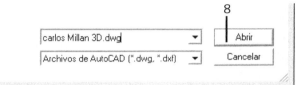

OBS El archivo importado viene dentro de un componente. Para editarlo, haga doble clic sobre el. Si prefiere "explotar" el objeto, haga clic con el botón derecho y escoja **Explotar** (*Explode*).

para exportar un archivo DWG

1. Vaya al menú **Archivo/Exportar/Gráficos 2D...** (*File/Export/2D Graphic...*) (**a**) (para exportar el dibujo en 2D) o **Archivo/Exportar/Modelo 3D...** (*File/Export/3D Model...*) (**b**) (para exportar el volumen 3D).

2. Escriba el nombre del archivo (**a**) y elija su formato en el campo **Tipo** (*Export Type*) (**b**).

3. Para configurar la salida de la exportación, haga clic en el botón **Opciones...** (*Options...*), en el canto inferior derecho de la ventana. Después de configurar las opciones, haga clic en **Aceptar** (*OK*).

4. El SketchUp vuelve a la ventana anterior. Haga clic en **Exportar** (*Export*) para finalizar.

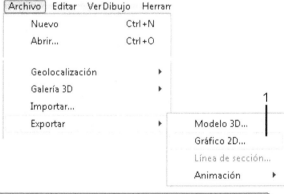

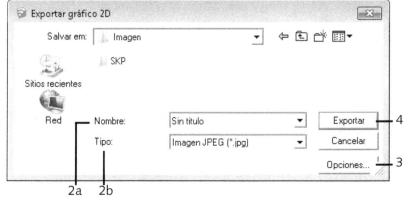

9.4 SketchUp y los otros programas

El SketchUp es uno de los programas que más interactúa con otros. El motivo de esta buena relación es que ningún programa de CAD funciona (hasta ahora) como él. Para que esa interacción se haga bien, hay una serie de plug-ins (componentes instalados aparte dentro del programa original), específicos para cada programa. Ellos hacen posible exportar e importar diseños más allá de los formatos ya existentes en los comandos de importación y exportación del SketchUp.

Qué programas se comunican con el SketchUp mediante plug-ins?

1. Revit.

2. ArchiCAD.

3. Vectorworks.

4. GIS softwares (formato SHP).

5. Artlantis Render y Studio.

6. ArcGIS.

7. 3D Max.

8. Softimage.

OBS No siempre los procesos de importación y exportación mantienen todas las características del diseño original. El proceso de instalación de esos plug-ins puede variar. Consulte el sitio de SketchUp (www.sketchup.com) y/o del fabricante del otro programa para más informaciones.

Destaques de este capítulo

exportar y abrir el proyecto directamente en el Google Earth (pág. 209)

Seleccione el proyecto o la parte del proyecto a ser exportado y, en la **Barra Google** (*Google Toolbar*), haga clic en **Colocar modelo** (*Place Model*).

El Google Earth se abre y su modelo aparece listado en la ventana Lugares/Lugares temporales, con el nombre de **SUPreview0**; para mantener su proyecto en el Google Earth, haga clic sobre el nombre y arrástrelo hasta **Mis lugares** (*My Places*).

exportar el proyecto del SketchUp y abrir en el Google Earth posteriormente (pág. 210)

Seleccione el proyecto o la parte del proyecto que será exportado y vaya al menú **Archivo/Exportar/Modelo 3d...** (*File/ Export/3D Model...*); en la ventana que se abre, elija la carpeta en donde el archivo será grabado, escriba el nombre y elija el formato **Archivo de Google Earth** (*Google Earth File*) (**.kmz**); haga clic en **Exportar** (*Export*) para finalizar el proceso en el SketchUp.

En el Google Earth, vaya al menú **Archivo/Abrir** y elija el archivo; observe que su modelo aparece listado en la ventana **Lugares/Lugares temporales**, (*Places/ Temporary Places*) generalmente con el nombre de **SUPreview0**; para mantener su proyecto en el Google Earth, haga clic sobre el nombre y arrástrelo hasta **Mis lugares** (*My Places*).

Importación y exportación de imágenes

para importar una imagen suelta (pág. 212)

Vaya al menú **Archivo/Importar...** (*File/Import...*). En la ventana que se abre, elija el archivo de imagen (JPG, BMP, TIF, etc.) deseado; en esta misma ventana, haga clic en el botón **Usar como imagen** (*Use as Image*), en la parte inferior derecha. Haga clic en **Abrir** (*Open*).

para exportar una imagen (pág. 213)

Sitúe al observador en la posición que desea. Vaya al menú **Archivo/Exportar/Gráficos 2D...** (*File/Export/2D Graphic...*).

Escriba el nombre del archivo y elija su formato en el campo **Tipo** (*Export Type*). puede escoger entre los formatos de imagen .JPG, .EPS, .BMP, .TIF, .PNG, .EPX. También puede exportar en formato .PDF.

Para configurar la salida de la imagen, haga clic en el botón **Opciones...** (*Options...*). Después de configurar las opciones, haga clic en **Aceptar** (*OK*); el SketchUp vuelve a la ventana anterior. Haga clic en **Exportar** (*Export*) para finalizar.

Importación y exportación de archivos DWG

para importar un archivo DWG (pág. 214)

Configure las unidades en **Ventana/Información del modelo/Unidades** (*Window/Model Info/Units*) para las mismas unidades usadas en el archivo DWG.

Vaya al menú **Archivo/Importar...** (*File/Import...*) y, en la ventana **Archivos de tipo** (*Type*), elija la opción **Archivos de AutoCAD** (*ACAD Files*) (*.dwg, *.dxf); seleccione el archivo que desee importar y haga clic en **Export** (*OK*) para finalizar.

para exportar un archivo DWG (pág. 215)

Vaya al menú **Archivo/Exportar/Gráficos 2D...** (*File/ Export/2D Graphic...*) (para exportar el diseño en 2D) o **Archivo/Exportar/Modelo 3D...** (*File/Export/3D Model...*) (para exportar el volumen 3D), escriba el nombre del archivo y elija su formato en el campo **Tipo** (*Export Type*); haga clic en **Export** (*OK*) para finalizar.

¿qué programas se comunican con el SketchUp mediante plug-ins? (pág. 216)

Revit, ArchiCAD, Vectorworks, Autodesk, Architectural Desktop, Artlantis R, ArcGIS, formatos OBJ y SHP.

Actividades propuestas

Ej. 01 – Importar imagen y exportar modelo para el Google Earth

1. Abra el archivo **Cap08_Ej01.skp**.

2. Use el panel **Geolocalización** (*Geo-location*) para encontrar el "**Condomínio Edifício Copan**" (*fig. 80*).

3. Haga un proyecto en el terreno que corresponde al Copan (*fig. 81*).

4. Seleccione todo su proyecto y haga clic en la herramienta **Google/Colocar modelo** (*Google/Place Model*).

5. Guarde su proyecto en Google Earth (*fig. 82*).

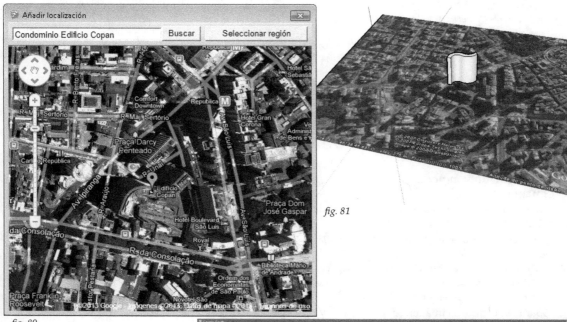

fig. 81

fig. 80

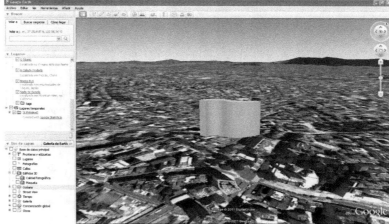

fig. 82

Ej. 02 – Importar archivo .dwg

1. Abra el archivo **Cap09_Ej02.skp**.

2. Use el menú **Archivo/Importar...** (*File/Import...*) para importar el archivo **Cap09_Ej02. dwg** (*fig. 87*).

3. Use las herramientas **Línea** (*Line*) y **Rectángulo** (*Rectangle*) para crear superficies a partir de las líneas que vinieron del AutoCAD (*fig. 88*).

4. Edite algunos componentes del archivo y observe cómo las modificaciones hechas en uno de ellos se repiten en los otros componentes del mismo nombre (*fig. 89*).

5. Luego de crear las superficies, use la herramienta **Empujar/tirar** (*Push/Pull*) para levantar las paredes (*fig. 90*).

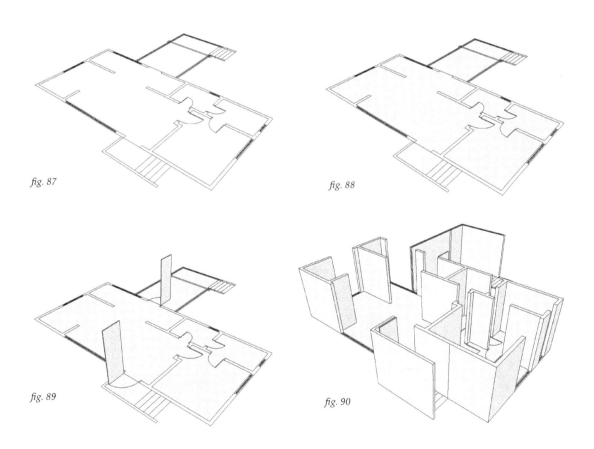

fig. 87

fig. 88

fig. 89

fig. 90

Muy bien, ya sé como diseñar, pintar, presentar, animar e imprimir, pero quiero saber qué hace cada uno de los ítems que hay en la

interfaz, menús, barras y ventanas!

En las páginas siguientes, se describen todos los comandos, herramientas, ajustes y preferencias del programa. Este libro fue escrito basado en la versión para Windows del SketchUp. En la plataforma Mac, algunos puntos pueden variar.

Qué leerá en este capítulo

10.1 Interfaz

10.2 Menús

10.3 Barras de herramientas

10.4 Menú Ventana (Window)

10.5 Menú Información del modelo (Model Info)

10.6 Menú Preferencias (Preferences)

10.1 Interfaz

Estos son los principales elementos de la interfaz del SketchUp.

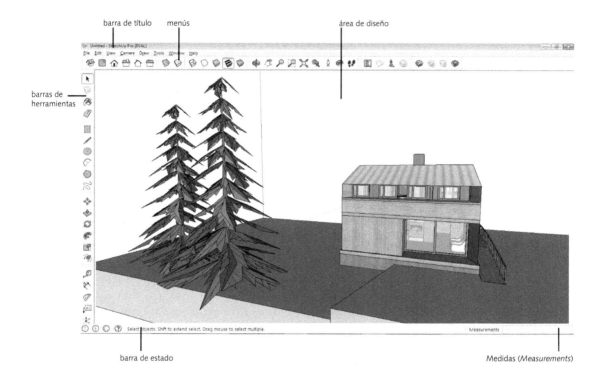

10.2 Menús

Nuevo	Ctrl+N
Abrir...	Ctrl+O
Guardar	Ctrl+S
Guardar como...	
Guardar una copia como...	
Guardar como plantilla...	
Volver	
Enviar a LayOut	
Previsualizar en Google Earth	
Geolocalización	▶
Galería 3D	▶
Importar...	
Exportar	▶
Configurar impresión...	
Vista preliminar...	
Imprimir...	Ctrl+P
Generar informe...	
1 01 Proyecto Final.skp	
Salir	

Menú Archivo (File)

Nuevo (*New*) Ctrl+N: Crea un nuevo archivo.

Abrir... (*Open...*) Ctrl+O: Abre un archivo existente.

Guardar (*Save*) Ctrl+S: Graba el archivo activo.

Guardar como... (*Save As...*): Permite grabar el archivo activo con otro nome, o hasta en otro local. El nuevo archivo pasa a ser el activo.

Guardar una copia como... (*Save A Copy As...*): Hace casi lo mismo que **Guardar como...** (*Save As...*), pero el archivo guardado no es el activo.

Guardar como plantilla (*Save As Template*): Guarda el archivo activo en la carpeta de plantillas (templates) del SketchUp.

Volver (*Revert*): Vuelve el archivo a la última versión grabada. Todas las modificaciones posteriores a la última grabación se pierden.

Enviar a LayOut (*Send to LayOut*): Crea un modelo del proyecto, en la posición en que está, para ser colocado en un archivo del SketchUp LayOut.

Previsualizar en Google Earth: Abrir modelo en Google Earth.

Geolocalización: Muestra las opciones de configuración para la ubicación de su proyecto.

Galería 3D (*3D Warehouse*): Contiene las opciones: **Obtener modelos...** (*Get Models...*), para descargar objetos de internet, **Compartir modelo...** (*Share Model...*) para su proyecto al sitio Galería 3D y **Subir componente** (*Upload Component...*), para enviar un componente isolado al sitio Galería 3D.

Importar... (*Import...*): Cuida la importación de archivos de otros programas y formatos para el SketchUp. Acepta archivos del AutoCAD, 3DS Max, además de archivos gráficos de formato .JPG, .GIF, por ejemplo.

Exportar (*Export*): Exporta un diseño para abrirlo en otro programa. Las opciones son: **Modelo 3D...** (*3D Model...*) (crea un archivo en 3D para abrirlo en diversos programas, como Vectorworks, AutoCAD y Google Earth), **Gráfico 2D...** (*2D Graphic...*) (exportar a vista actual para archivos de formato .JPG, .PICT, .GIF, entre otros), **Línea de sección...** (*Section Slice...*) (exporta la sección de contorno en formato vectorial para editar en programas como Vectorworks y AutoCAD) o **Animación/Vídeo...** (*Animation/Video...*).

Configurar impresión... (*Print Setup...*): Cuida la configuración de las preferencias de la impresora.

Vista preliminar... (*Print Preview...*): Abre una ventana para configurar y visualizar cómo será el impreso, antes del comando de imprimir.

Imprimir... (*Print...*) Ctrl+P: Imprime el archivo activo.

Generar informe... (*Generate Report...*): Exporta una tabla (en formato .CSV o .HTML) con todas las informaciones de texto vinculadas a todos los objetos (o apenas los seleccionados anteriormente) insertados en un proyecto.

Archivos recientes (*Recent Files*): Lista que muestra hasta los diez últimos archivos abiertos, permitiendo su fácil localización.

Salir (*Exit*): Cierra el SketchUp.

Deshacer Abierta	Alt+Atrás
Rehacer	Ctrl+Y
Cortar	+Eliminar
Copiar	Ctrl+C
Pegar	Ctrl+V
Pegar en su sitio	
Eliminar	Eliminar
Eliminar guías	
Seleccionar todo	Ctrl+A
Anular selección	Ctrl+T
Ocultar	
Mostrar	▸
Bloquear	
Desbloquear	▸
Crear componente...	
Crear grupo	
Cerrar grupo/componente	
Intersecar caras	▸
687 entidades	▸

Menú Edición (Edit)

Deshacer (*Undo*) Ctrl+Z: Deshace el último comando o herramienta utilizada.

Rehacer (*Redo*) Ctrl+Y: Rehace el último comando o herramienta deshecha.

Cortar (*Cut*) Ctrl+X: Hace que un objeto, selección de objetos o grupo sea retirado del dibujo y enviado al área de transferencia de la computadora.

Copiar (*Copy*) Ctrl+C: Hace que un objeto, selección de objetos o grupo sea copiado del diseño y enviado al área de transferencia de la computadora.

Pegar (*Paste*) Ctrl+V: Inserta un objeto, selección de objetos o grupo que estaba en el área de transferencia del computador.

Pegar en su sitio (*Paste in Place*): Inserta un objeto en la misma posición (o sea, "encima") del objeto copiado anteriormente. Sólo funciona con grupos o componentes.

Eliminar (*Delete*) **Supr**: Borra el objeto, varios objetos o grupos que estén seleccionados.

Eliminar guías (*Delete Guides*): Borra todas las guías del diseño.

Seleccionar todo (*Select All*) Ctrl+A: Selecciona todos los objetos que pertenecen a las capas activas.

Anular selección (*Select None*) Ctrl+T: Anula todos los objetos que pertenecen a las capas activas y que estaban seleccionadas.

Ocultar (*Hide*): Esconde uno o más objetos seleccionados.

Mostrar (*Unhide*): hace reaparecer uno o más objetos que estaban ocultos. Para ver los objetos que están ocultos, vaya al menú **Visualizar/Geometría oculta** (*View/Hidden Geometry*). Opciones: **Seleccionados** (*Selected*) (muestra los objetos ocultos seleccionados), **Último** (*Last*) (muestra el último objeto oculto) y **Todo** (*All*) (muestra todos los objetos ocultos del dibujo).

Bloquear (*Lock*): Bloquea la modificación y edición de uno o más objetos seleccionados.

Desbloquear (*Unlock*): Desbloquea la modificación y edición de uno o más objetos seleccionados. Opciones: **Seleccionados** (*Selected*) (desbloquea los objetos seleccionados) y **Todo** (*All*) (desbloquea todos los objetos).

Crear componente... (*Make Component*): Crea un componente a partir de uno o más elementos seleccionados.

Crear grupo (*Make Group*): Crea un grupo a partir de uno o más elementos seleccionados.

Cerrar grupo/componente (*Close Group/Component*): Sale de la edición de un grupo o componente.

Intersecar caras (*Intersect faces*): Crea nuevas caras y líneas a partir de la intersección entre caras y líneas existentes. Opciones: **Con el modelo** (*with Model*): Crea nuevas caras en los objetos seleccionados, teniendo como referencia todas las caras del modelo y solamente; **Con la selección** (*With Selection*): Crea nuevas caras apenas entre los objetos seleccionados; **Con el contexto** (*With Context*): Crea nuevas caras apenas entre los objetos seleccionados adentro de un grupo o componente.

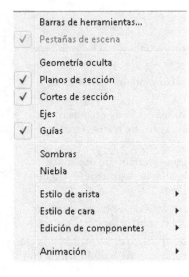

Menú Ver (View)

Barras de herramientas... (*Toolbars...*): Activa y desactiva la visualización de las barras.

Pestañas de escena (*SceneTabs*): Activa y desactiva la barra de cambio de escena (que aparece a partir del momento en que el archivo tiene más de una escena creada).

Geometría oculta (*Hidden Geometry*): Muestra objetos ocultos con el menú **Edición/Ocultar** (*Edit/Hide*). A partir de ahí dichos objetos pueden cambiarse para visibles por el menú **Editar/Mostrar** (*Edit/Unhide*).

Planos de sección (*Section Planes*): Activa y desactiva la visualización de los planos que cortan objetos.

Cortes de sección (*Section Cuts*): Activa y desactiva la visualización de los cortes en objetos.

Ejes (*Axes*): Activa y desactiva la visualización de los ejes de dibujo.

Guías (*Guides*): Activa y desactiva la visualización de las guías.

Sombras (*Shadows*): Activa y desactiva la visualización de sombras.

Niebla (*Fog*): Activa y desactiva la visualización de niebla.

Estilo de arista (Edge Style): Activa y desactiva la visualización de efectos en las líneas. Las opciones son: **Mostrar aristas** (*Display Edges*): Activa o desactiva la visualización de las líneas del dibujo, **Perfiles** (*Profiles*), **Profundidad** (*Depth Cue*) y **Extensión** (*Extension*): Activa o desconecta estas opciones de presentación de las líneas.

Estilo de cara (*Face Style*): Controla el método de presentación de las caras de los objetos. Contiene las mismas opciones que la barra **Estilo de cara** (*Face Style*).

Edición de componentes (*Component Edit*): Controla la manera como el modelo 3D será mostrado durante la edición de un componente. Opciones: **Ocultar el resto del modelo** (*Hide Rest of Model*) (activa y desactiva la visualización de todo el proyecto) y **Ocultar componentes similares** (*Hide Similar Components*) (activa y desactiva la visualización de otras copias del mismo componente).

Animación (*Animation*): Los varios comandos de este menú permiten crear y editar animaciones de su modelo 3D. Opciones: **Añadir escena** (*Add Scene*) (crea una escena a partir de la vista actual), **Actualizar escena** (*Update Scene*) (actualiza la escena activa a partir de la vista actual), **Eliminar escena** (*Delete Scene*) (borra la escena activa), **Escena anterior** (*Previous Scene*) (va a la escena anterior), **Escena siguiente** (*Next Scene*) (va a la escena siguiente), **Reproducir** (*Play*) (ejecuta la animación) y **Ajustes** (*Settings*) (abre el panel de control de tiempo de la animación).

Menú Cámara (Camera)

Anterior	
Siguiente	
Vistas estándar	▶
Proyección paralela	
Perspectiva	
Perspectiva de dos puntos	
Adaptar nueva fotografía...	
Editar fotografía adaptada	▶
Orbitar	O
Desplazar	H
Zoom	Z
Campo visual	
Ventana de zoom	Ctrl+Mayúsculas+W
Ver modelo centrado	Ctrl+Mayúsculas+E
Aplicar zoom a fotografía	
Situar cámara	
Caminar	
Girar	
Iglú de imágenes	I

Anterior (*Previous*): Deshace el último movimiento de cámara.

Siguiente (*Next*): Rehace el último movimiento de cámara deshecho.

Vistas estándar (*Standard Views*): accede a vistas estándar del programa: **Planta** (*Top*), **Inferior** (*Bottom*), **Frontal** (*Front*), **Posterior** (*Back*), **Izquierda** (*Left*), **Derecha** (*Right*), **Isométrica** (*Isometric*).

Proyección paralela (*Parallel Projection*): Activa la proyección de vista paralela, sin punto de fuga.

Perspectiva (*Perspective*): Activa la proyección de vista en perspectiva con tres puntos de fuga.

Perspectiva de dos puntos (*Two-Point Perspective*): Activa la proyección de vista en perspectiva con dos puntos de fuga.

Adaptar nueva fotografía... (*Match New Photo...*): Inserta una imagen para hacer una fotoinserción.

Editar fotografía adaptada (*Edit Matched Photo*): Abre la ventana de edición de la foto adaptada seleccionada.

Orbitar (*Orbit*) **O**: Acciona la herramienta **Orbitar**.

Desplazar (*Pan*) **H**: Acciona la herramienta **Desplazar** (desplazamiento lateral).

Zoom Z: Activa la herramienta de **Zoom** (acercar y alejar).

Campo visual (*Field of View*): Activa la opción de ajuste del foco de la cámara.

Ventana de zoom (*Zoom Window*) Ctrl+Mayús+W: Activa la herramienta Ventana de zoom.

Ver modelo centrado (*Zoom Extents*) Ctrl+Mayús+E: Activa la herramienta Ver modelo centrado.

Aplicar zoom a fotografía (*Zoom to Photo*): Trae el zoom para la foto adaptada activa.

Situar cámara (*Position Camera*): Acciona la herramienta Situar cámara, que permite posicionar al observador en un sitio específico en el proyecto.

Caminar (*Walk*): Acciona la herramienta Caminar, que permite caminar por el proyecto.

Girar (*Look Around*): Acciona la herramienta Girar, que cambia el punto de vista del observador sin cambiarlo de lugar.

Iglú de imágenes (**I**): Muestra, todo al mismo tiempo, todas las imágenes que se utilizan como referencia para la creación de un edificio con el **Building Maker**.

Menú Dibujo (Draw)

Línea	L
Arco	A
Mano alzada	
Rectángulo	R
Círculo	C
Polígono	

Línea (*Line*) **L**: Activa la herramienta que dibuja líneas.

Arco (*Arc*) **A**: Activa la herramienta para construir arcos.

Mano alzada (*Freehand*): Activa la herramienta para dibujar a mano alzada.

Rectángulo (*Rectangle*) **R**: Activa la herramienta que dibuja rectángulos.

Círculo (*Circle*) **C**: Activa la herramienta para dibujar círculos.

Polígono (*Polygon*): Activa la herramienta para construir polígonos regulares.

✓ Seleccionar	Espacio
Borrar	E
Pintar	B
Mover	M
Rotar	Q
Escala	S
Empujar/tirar	P
Sígueme	
Equidistancia	F
Revestimiento	
Sólidos	▸
Medir	T
Transportador	
Ejes	
Acotaciones	
Texto	
Texto 3D	
Plano de sección	
Herramientas de cámara avanzadas	▸
Interactuar	
Caja de arena	▸

Menú Herramientas (Tools)

Seleccionar (*Select*) **Espacio**: Acciona la herramienta **Seleccionar.**

Borrar (*Eraser*) **E**: Activa la herramienta **Borrar**, para eliminar líneas y caras.

Pintar (*Paint Bucket*) **B**: Activa la herramienta **Pintar,** para pintar las caras de objetos.

Mover (*Move*) **M**: Activa la herramienta **Mover**, que mueve líneas, caras y objetos enteros.

Rotar (*Rotate*) **Q**: Acciona la herramienta **Rotar**, para rotar los elementos de dibujo seleccionados.

Escala (*Scale*) **S**: Activa la herramienta **Escala**, para escalar objetos.

Empujar/tirar (*Push/Pull*) **P**: Activa la herramienta **Empujar/tirar**, para crear y modificar volúmenes a partir de otros volúmenes y/o superficies planas.

Sígueme (*Follow Me*): Acciona la herramienta **Sígueme**, que crea un volumen a partir de una dirección y una secuencia de líneas que funciona como camino.

Equidistancia (*Offset*) **F**: Acciona la herramienta **Equidistancia**.

Revestimiento: Retire las caras internas y las líneas de uno o más grupos o componentes que se superponen.

Sólidos: Mostrar las herramientas para la operación de sólidos. Opciones: **Intersecar** (crea un nuevo objeto a partir de uno o más grupos o componentes que se superponen), **Unir** (crea un solo objeto a partir de uno o más grupos o componentes que se superponen), **Sustraer** (crea un nuevo objeto a partir de la sustracción geométrica de un primer objeto seleccionado y un segundo objeto seleccionado), **Recortar** (elimina la geometría de un objeto seleccionado primero y un segundo objeto seleccionado), y **Dividir** (crea nuevos objetos a partir de uno o más grupos o componentes que se superponen, dividiéndolos).

Medir (*Tape Measure*) **T**: Activa la herramienta **Medir**, que permite crear guías.

Transportador (*Protractor*): Activa la herramienta **Transportador**, que crea **Guías angulares.**

Ejes (*Axes*): Acciona la herramienta **Ejes**, que sirve para cambiar el sentido de los ejes que orientan el proyecto.

Acotaciones (*Dimensions*): Activa la herramienta **Medidas**, que mide distancias y crea cotas.

Texto (*Text*): Activa la herramienta **Texto**, que inserta una entidad de texto en el proyecto.

Texto 3D (*3D Text*): Activa la herramienta **Texto 3D**, que crea un texto en 3D.

Plano de sección (*Section Plane*): Acciona la herramienta **Plano de sección**, que permite cortar un objeto del proyecto.

Herramientas de cámara avanzadas: Muestra varias herramientas utilizadas para crear y administrar las cámaras, entidades que son utilizados por la industria del cine. No debe confundirse con **escenas**, este tipo de cámara tiene su propia manera de ser trabajado.

Interactuar (*Interact*): Acciona alguna acción predeterminada en un componente dinámico.

Caja de arena: Muestra las herramientas que se utilizan, entre otras cosas, para crear un terreno.

Información del modelo

Información de la entidad

Materiales

Componentes

Estilos

Capas

Esquema

Escenas

Sombras

Niebla

Adaptar fotografía

Suavizar aristas

Instructor

Preferencias

Almacén de extensiones

Ocultar cuadros de diálogo

Consola Ruby

Opciones de componente

Atributos de componente

Texturas fotográficas

Menú Ventana (Window)

Información del modelo (*Model Info*): Abre la ventana **Información del modelo**, que permite configurar varios parámetros usados por el programa.

Información de la entidad (*Entity Info*): La ventana **Información de la entidad** muestra los datos principales de(s) objeto(s) seleccionado(s).

Materiales (*Materials*): Abre la ventana **Materiales**, que sirve para crear, editar y buscar texturas que se aplican sin los objetos del SketchUp.

Componentes (*Components*): Abre la ventana **Componentes**, que gestiona el uso y la creación de componentes.

Estilos (*Styles*): Muestra la ventana **Estilos**, que almacena y controla diversas preconfigurciones para la apariencia de su dibujo.

Capas (*Layers*): Abre la ventana de gestión de capas .

Esquema (*Outliner*): Abre la ventana **Esquema**, que gestiona los componentes y los grupos del proyecto.

Escenas (*Scenes*): Acciona la ventana que cuida las **Escenas**, que registran la presentación de un proyecto.

Sombras (*Shadows*): La ventana **Sombras** activa, desactiva y ajusta sombras propias y proyectadas por el SketchUp.

Niebla (*Fog*): Controla los ajustes de niebla que pueden aplicarse a su proyecto.

Adaptar fotografía (*Match Photo*): Activa o desactiva la ventana Adaptar fotografía.

Suavizar aristas (*Soften Edges*): Abre la ventana que sirve para suavizar la representación de los objetos redondeados.

Instructor (*Instructor*): Abre la ventana **Instructor**, que da datos sobre el uso del programa.

Preferencias (*Preferences*): Abre la ventana de configuración de preferencias del SketchUp.

Galería de Extensiones: Buscar y descargar extensiones (complementos) que pueden mejorar las habilidades del SketchUp.

Ocultar cuadros de diálogo (*Hide/Show Dialogs*): Oculta o muestra automáticamente todas las ventanas y barras.

Consola Ruby (*Ruby Console*): Abre la ventana para programación en **Ruby**.

Opciones de componente (*Component Options*): Permite ajustes en componentes dinámicos (*dynamic components*).

Atributos de componente (*Component Attributes*): Permite hacer una edición completa de un componente dinámico, incluyendo o retirando parámetros y modificando sus medidas estándar.

Texturas fotográficas (*Photo Textures*): Abre la ventana **Texturas fotográficas**, para que pueda importar imágenes de Google Street View y Panoramio.com y usarlos como textura.

10.3 Barras de herramientas

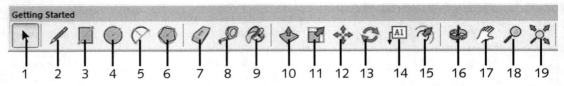

Primeros pasos (Getting Started)

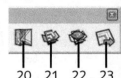

1. **Seleccionar** (*Select*): Para seleccionar y desseleccionar objetos.

2. **Línea** (*Line*): Dibuja líneas y/o polígonos irregulares.

3. **Rectángulo** (*Rectangle*): Dibuja rectángulos.

4. **Círculo** (*Circle*): Dibuja círculos.

5. **Arco** (*Arc*): Dibuja arcos.

6. **Polígono** (*Polygon*): Dibuja polígonos.

7. **Borrar** (*Eraser*): Para borrar objetos del dibujo.

8. **Medir** (*Tape Measure*): Mide distancias y crea guías.

9. **Pintar** (*Paint Bucket*): Para pintar caras de objetos.

10. **Empujar/tirar** (*Push/Pull*): Crea volúmenes a partir de caras.

11. **Escala** (*Scale*): Escala aristas, caras u objetos enteros.

12. **Mover** (*Move*): Mueve y/o copia líneas, caras u objetos enteros.

13. **Rotar** (*Rotate*): Rota líneas, caras u objetos enteros.

14. **Texto** (*Text*): Inserta una anotación de texto en el proyecto.

15. **Equidistancia** (*Offset*): Crea líneas paralelamente a otras previamente seleccionadas. Tales líneas necesitan componer una cara.

16. **Orbitar** (*Orbit*): Hace que el observador orbite (gire en todas las direcciones) alrededor del centro de los ejes de orientación. Puede accionar **Orbitar** pulsando y manteniendo presionada la ruedita (*click wheel*) del ratón.

17. **Desplazar** (*Pan*): Desplaza lateralmente al observador con relación al proyecto. puede accionar **Desplazar** pulsando y manteniendo presionada la ruedita (*click wheel*) del ratón, junto con el botón izquierdo.

18. **Zoom**: Acerca o aleja al observador del centro de la pantalla. Pulse la tecla **Mayús** (*Shift*) y arrastre el cursor hacia arriba y hacia abajo para regular la distancia focal.

19. **Ver modelo centrado** (*Zoom Extents*): Hace una vista que muestra todos los objetos dibujados de una sola vez en la pantalla.

20. **Añadir localización**... (*Add Location...*): Abre una ventana que permite elegir la localización del proyecto.

21. **Obtener modelos**... (*Get Models*): Busca y descarga modelos de SketchUp que están en la Galería 3D.

22. **Galería de Extensiones**: Buscar y descargar complementos que pueden mejorar las habilidades del SketchUp.

23. **Layout**: Enviar el documento activo a SketchUp LayOut.

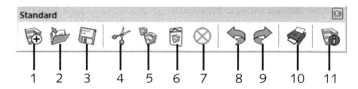

Estándar (Standard)

1. **Nuevo** (*New*): Crea un nuevo archivo.

2. **Abrir** (*Open*): Abre un archivo existente.

3. **Guardar** (*Save*): Salva el archivo activo.

4. **Cortar** (*Crop*): Recorta la selección para el área de transferencia.

5. **Copiar** (*Copy*): Copia la selección para el área de transferencia.

6. **Pegar** (*Paste*): Pega la selección.

7. **Borrar** (*Erase*): Borra lo(s) objeto(s) seleccionado(s).

8. **Deshacer** (*Undo*): Deshace la última acción.

9. **Rehacer** (*Redo*): Rehace la última acción deshecha.

10. **Imprimir** (*Print*): Imprime el proyecto en la vista actual.

11. **Información del modelo** (*Model Info*): Abre la ventana **Información del modelo** (*Model Info*).

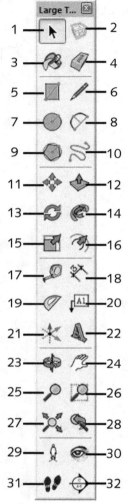

Conjunto grande de herramientas (Large ToolSet)

1. **Seleccionar** (*Select*): Para seleccionar y eliminar objetos.

2. **Crear componente** (*Create Component*): Transforma lo(s) dibujo(s) seleccionado(s) en componente.

3. **Pintar** (*Paint Bucket*): Para pintar caras de objetos.

4. **Borrar** (*Eraser*): Para borrar objetos del dibujo.

5. **Retángulos** (*Retangle*): Dibuja rectángulos.

6. **Línea** (*Line*): Dibuja líneas y/o polígonos irregulares.

7. **Círculo** (*Circle*): Dibuja círculos.

8. **Arco** (*Arc*): Dibuja arcos.

9. **Polígono**: Dibuja polígonos regulares.

10. **Mano alzada** (*Freehand*): Dibuja formas a mano alzada.

11. **Mover** (*Move*): Mueve y/o copia líneas, caras u objetos.

12. **Empujar/tirar** (*Push/Pull*): Crea volúmenes a partir de caras.

13. **Rotar** (*Rotate*): Rota líneas, caras u objetos enteros.

14. **Sígueme** (*Follow Me*): Crea un volumen a partir de una cara de referencia y una secuencia de líneas que forman un trayecto.

15. **Escala** (*Scale*): Escala aristas, caras u objetos enteros.

16. **Equidistancia** (*Offset*): Crea líneas paralelamente a otras previamente seleccionadas. Dichas líneas deben componer una cara.

17. **Medir** (*Tape Measure*): Mide distancias, crea puntos y líneas guía.

18. **Acotación** (*Dimensions*): Mide distancias y crea cotas.

19. **Transportador** (*Protractor*): Mide ángulos y crea líneas guía angulares.

20. **Texto** (*Text*): Inserta una anotación de texto en el proyecto.

21. **Ejes** (*Axes*): Cambia el sentido de los ejes que orientan el proyecto.

22. **Texto 3D** (*3D Text*): Inserta un texto 3D en el proyecto.

23. **Orbitar** (*Orbit*): Permite que el observador orbite (gire en todas las direcciones) alrededor del centro de la pantalla. Puede accionar **Orbitar** (*Orbit*) pulsando y manteniendo presionada la ruedita (*click wheel*) del ratón.

24. **Desplazar** (*Pan*): Desplaza lateralmente al observador con relación al proyecto.

25. **Zoom**: Acerca o aleja al observador del centro de la pantalla. Pulse la tecla **Shift** e y arrastre el cursor hacia arriba y hacia abajo para regular la distancia focal.

26. **Ventana de zoom** (*Zoom Window*): Permite aproximar al observador de acuerdo con una "ventana", hecha con clicar y arrastrar en sentido diagonal, formando un rectángulo.

27. **Ver Modelo centrado** (*Zoom Extents*): Hace una vista que muestra todos los objetos dibujados de una sola vez en la pantalla.

28. **Anterior** (*Previous*): Vuelve a la posición de cámara anterior.

29. **Situar cámara** (*Position Camera*): Permite situar al observador en un lugar específico en el proyecto.

30. **Girar** (*Look Around*): Cambia el punto de vista del observador sin cambiarlo de lugar.

31. **Caminar** (*Walk*): Sirve para caminar por el proyecto.

32. **Plano de sección** (*Section Plane*): Corta un objeto del proyecto.

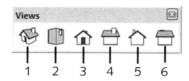

Vistas (Views)

1. Vista isométrica.

2. Vista de planta.

3. Vista frontal.

4. Vista derecha.

5. Vista posterior.

6. Vista izquierda.

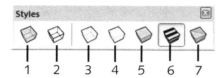

Estilos (Face Style)

1. Activa y desactiva el modo **Rayos X** (*X-Ray*).

2. Activa o desactiva el modo **Aristas Posteriores** (*Back Edges*), que muestra y oculta líneas con la aparéncia de puntillado.

3. Acciona la presentación en **Alambre** (*Wireframe*).

4. Presenta el proyecto en modo **Línea oculta** (*Hidden Line*).

5. Coloca la presentación en **Sombreado** (*Shaded*).

6. Activa el modo **Sombreado con texturas** (*Shaded with Textures*).

7. Activa el modo **Monocromo** (*Monochrome*).

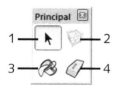

Principal

1. **Seleccionar** (*Select*): Para seleccionar objetos.

2. **Crear componente** (*Make Component*): Transforma lo(s) dibujo(s) seleccionado(s) en componente.

3. **Pintar** (*Paint Bucket*): Para pintar caras de objetos.

4. **Borrar** (*Eraser*): Para borrar objetos del dibujo.

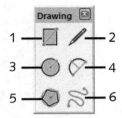

Dibujo (Drawing)

1. **Rectángulo** (*Retangle*): Dibuja rectángulos.

2. **Línea** (*Line*): Dibuja líneas y/o polígonos irregulares.

3. **Círculo** (*Circle*): Dibuja círculos.

4. **Arco** (*Arc*): Dibuja arcos.

5. **Polígono** (*Polygon*): Dibuja polígonos regulares.

6. **Mano alzada** (*Freehand*): Dibuja a mano alzada.

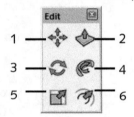

Edit

1. **Mover** (*Move*): Mueve y/o copia líneas, caras u objetos enteros.

2. **Empujar/tirar** (*Push/Pull*): Crea volúmenes a partir de caras.

3. **Rotar** (*Rotate*): Rota líneas, caras u objetos enteros.

4. **Sígueme** (*Follow Me*): Crea un volumen a partir de una cara de referencia y una secuencia de líneas que forman un recorrido.

5. **Escala** (*Scale*): Escala líneas, caras u objetos enteros.

6. **Equidistancia** (*Offset*): Crea líneas paralelamente a otras previamente seleccionadas. Tales líneas deben componer una cara.

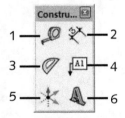

Construction

1. **Medir** (*Tape Measure*): Mide distancias y crea guías.

2. **Acotación** (*Dimensions*): Mide distancias y crea acotaciones.

3. **Transportador** (*Protractor*): Mide ángulos y crea guías a partir de estos.

4. **Texto** (*Text*): Inserta una anotación de texto en el proyecto.

5. **Ejes** (*Axes*): Posiciona y alinea los ejes que orientan el dibujo.

6. **Texto 3D** (*3D Text*): Inserta un texto 3D en el proyecto.

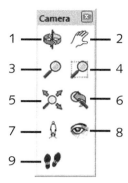

Camera

1. **Orbitar** (*Orbit*): El observador orbita (gira en todas las direcciones) alrededor del centro de los ejes de orientación.

2. **Desplazar** (*Pan*): Desplaza lateralmente al observador con relación al proyecto.

3. **Zoom**: Acerca o aleja al observador. Pulse la tecla **Mayús** (*Shift*) y arrastre el cursor hacia arriba y hacia abajo para regular la distancia focal.

4. **Ventana de zoom** (*Zoom Window*): Permite aproximar al observador de acuerdo con una "ventana", hecha con clicar y arrastrar en sentido diagonal, formando un rectángulo.

5. **Ver Modelo centrado** (*Zoom Extents*): Hace una vista que muestra todos los objetos dibujados de una sola vez en la pantalla.

6. **Anterior** (*Previous*): Vuelve a la posición de cámara anterior.

7. **Situar cámara** (*Position Camera*): Permite posicionar al observador en un lugar específico en el proyecto.

8. **Girar** (*Look Around*): Modifica el punto de vista del observador sin cambiarlo de lugar.

9. **Caminar** (*Walk*): Sirve para caminar por el proyecto.

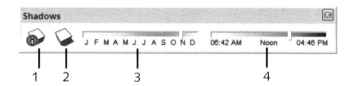

Shadows

1. **Ajustes de sombras** (*Shadow Settings*): Abre el menú **Ventana/Sombras** (*Window/Shadows*).

2. **Mostrar sombras** (*Display Shadows*): Activa y desactiva las sombras del proyecto.

3. **Fecha** (*Date*): Barra para escoger la fecha de la visualización de las sombras en el proyecto.

4. **Hora** (*Time*): Barra para escoger la hora de visualización de las sombras.

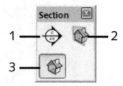

Section

1. **Plano de sección** (*Section Plane*): Corta un objeto del proyecto.

2. **Muestra planos de sección** (*Display Section Planes*): Muestra u oculta el plano de sección.

3. **Muestra cortes de sección** (*Sample section cuts*): Muestra u oculta el volumen cortado por un plano de sección.

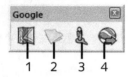

Google

1. **Añadir localización...** (*Add Location...*): Abre una ventana que permite eligir la localización del proyecto.

2. **Cambiar terreno** (*Toggle Terrain*): Alterna la vista de la imagen del Google Earth de 2D para 3D.

3. **Texturas fotográficas** (*Photo Textures*): Abre la ventana **Texturas fotográficas**, para importar y usar como textura imágenes del **Google Street View** e del **Panoramio.com**.

4. **Previsualizar modelo** en **Google Earth** (*Preview Model in Google Earth*): Exporta su proyecto en el formato del Google Earth.

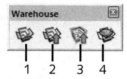

Warehouse

1. **Obtener modelos...** (*Get Models*): Busca y descarga modelos de SketchUp que están en la Galería 3D.

2. **Compartir modelo...** (*Share Model*): Envia su modelo de SketchUp para ser compartido por la Galería 3D.

3. **Compartir componente...** (*Share Component*): Seleccione un componente y haga clic en este botón para compartílo por la Galería 3D.

4. **Galería de Extensiones...** (*Extension Warehouse*): Buscar y descargar complementos que pueden mejorar las habilidades del SketchUp.

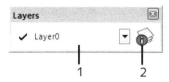

Layers

1. **Definir capa actual**: Elige la capa activa.

2. **Gestor de capas:** Abre la ventana **Capas** (*Layers*).

Dynamic Components

1. **Interactuar con componentes dinámicos** (*Interact with Dynamic Components*): Acciona alguna acción predeterminada en un componente dinámico.

2. **Opciones de componente** (*Component Options*): Abre la ventana que modifica los ajustes del componente dinámico seleccionado.

3. **Atributos de componente** (*Component Attributes*): Abre la ventana que cambia la programación del componente dinámico seleccionado.

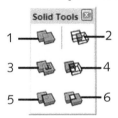

Solid Tools

1. **Revestimiento** (*Outer Shell*): Quita caras y líneas internas de un o más grupos o componentes que se sobreponen. Esos objetos pueden estar preseleccionados o seren seleccionados después del clic en el botón.

2. **Intersecar** (*Intersect*): Crea un nuevo volúmen a partir de un o más grupos o componentes que se sobreponen. Esos objetos pueden estar pre-seleccionados o seren seleccionados después del clic en el botón.

3. **Unir** (*Union*): Crea un volumen único a partir de un o más grupos o componentes que se sobreponen. Esos objetos pueden estar pre-seleccionados o seren seleccionados después del clic en el botón.

4. **Sustraer** (*Subtract*): Crea un nuevo volumen a partir de la sustración de la geometria de un primer objeto seleccionado en un segundo objeto seleccionado. El primer objeto seleccionado desaparece. Los objetos deben ser grupos o componentes.

5. **Recortar** (*Trim*): Saca la geometría de un primer objeto seleccionado en un segundo objeto seleccionado. El primer objeto seleccionado sigue en el proyecto. Los objetos deben ser grupos o componentes.

6. **Dividir** (*Split*): Crea nuevos volumenes a partir de un o más grupos o componentes que se sobreponen, dividiéndolos. Esos objetos pueden estar pré-seleccionados o seren seleccionados después del clic en el botón.

10.4 Menú Ventana (Window)

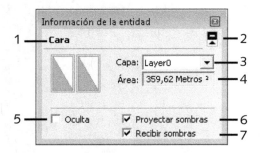

Información de la entidad (Entity Info)

1. Es el nombre del objeto seleccionado.

2. **Ocultar detalles** (*Hide Details*): Muestra y oculta otras opciones sobre el objeto seleccionado.

3. **Capa** (*Layer*): Muestra en qué capa está el objeto.

4. En este local aparecen campos con informaciones que varían según el o los objetos seleccionado(s).

5. **Oculta** (*Hidden*): Oculta o muestra el objeto seleccionado.

6. **Proyectar sombras** (*Cast Shadows*): Hace que el objeto proyecte su sombra en otros, cuando sea el caso.

7. **Recibir sombras** (*Receive Shadows*): Hace que el objeto reciba sombra de otros, cuando sea el caso.

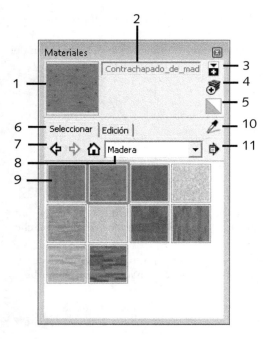

Materiales-Seleccionar (Materials-Select)

1. Muestra la imagen del material en uso.

2. Muestra el nombre del material en uso.

3. Muestra u oculta el panel secundario de selección.

4. Crea un nuevo material.

5. Coloca el material estándar del SketchUp como activo.

6. Alterna entre los modos **Seleccionar** (*Select*), para seleccionar el material a usar, y **Edición** (*Edit*), para editar el material seleccionado (funciona apenas cuando el material activo pertenece al proyecto en uso).

7. Botones **Anterior** (vuelve a la biblioteca, durante la búsqueda), **Posterior** (avanza una biblioteca) y **En el modelo** (muestra la biblioteca del archivo activo).

8. Elige la biblioteca a ser mostrada en la ventana inferior, para elegir el material a ser usado.

9. Muestra los materiales de la biblioteca elegida en el ítem **8**.

10. Acciona el cuenta gotas, que sirve para activar un material que está aplicado en alguna cara del proyecto.

11. Abre varias opciones de gestión de los materiales.

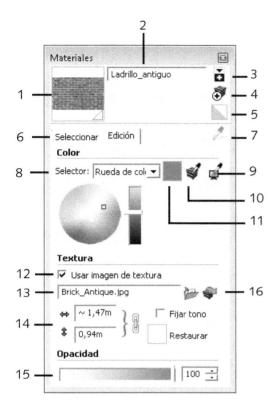

Materiales-Edición (Materials-Edit)

1. Muestra la imagen del material en uso.

2. Muestra el nombre del material en uso.

3. Muestra u oculta el panel secundario de selección.

4. Crea un nuevo material.

5. Coloca el material estándar del SketchUp como activo.

6. Alterna entre los modos **Seleccionar** (*Select*), para seleccionar el material a ser usado, y **Edición** (*Edit*), para editar el material seleccionado (funciona apenas cuando el material activo pertenece al proyecto en uso).

7. Cuenta gotas para elegir un material primario de los que están aplicados en el proyecto.

8. Alterna entre los métodos de selección de colores para componer el material.

9. Cuenta gotas para elegir solamente el color de un material existente en alguna biblioteca (sin informaciones de opacidad o textura, por ejemplo).

10. Cuenta gotas para elegir solamente el color de un material aplicado a un objeto en el proyecto (sin informaciones de opacidad o textura, por ejemplo).

11. Deshace todas las modificaciones de color.

12. Conecta y desconecta el uso de un archivo de imagen (definido en **13**) en la composición del material.

13. Permite elegir un archivo de imagen para componer un material.

14. Define el tamaño real de la imagen en el proyecto.

15. Define el grado de opacidad del color elegido.

16. Abre el programa de edición de imágenes (definido en **Ventana/Preferencias**) para hacer la edición de ese material.

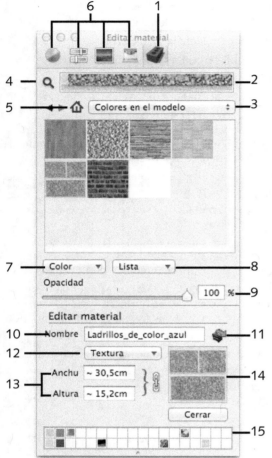

Materials-Edit (Mac version)

1. Muestra la barra de textura

2. Muestra la imagen del material en uso.

3. Elija una biblioteca de materiales de la lista.

4. Para elegir un material primario de los que están aplicados en el proyecto.

5. Muestra todos los materiales utilizados en el modelo.

6. Alternar entre los métodos de selección de colores que se pueden mezclar con un material.

7. Haga clic para ver las opciones de edición de textura: Editar, eliminar, duplicar y nueva textura.

8. Haga clic para ver las listas de configuraciones: Nuevos, duplicar, eliminar y purgar sin usar.

9. Define el grado de opacidad del color elegido.

10. Muestra el nombre del material en uso.

11. Abre el programa de edición de imágenes (definido en **Ventana/Preferencias**) para hacer la edición de ese material.

12. Permite cambiar o quitar el archivo de textura y restablecer el color.

13. Define el tamaño real de la imagen en el proyecto.

14. Muestra la imagen del material en uso.

15. Haga clic y arrastre un material para el área de favoritos.

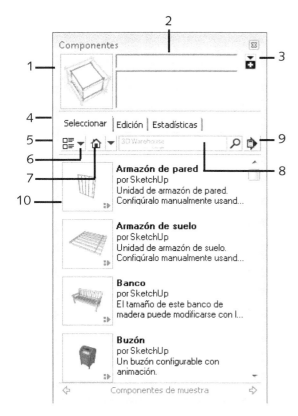

Componentes (Components)

1. Muestra la imagen del componente seleccionado.

2. Muestra el nombre del componente seleccionado.

3. Muestra u oculta el panel secundario de selección.

4. Alterna entre los modos **Seleccionar** (*Select*), para seleccionar el componente, **Edición** (*Edit*), para editar el componente seleccionado (funciona apenas cuando el material activo pertenece al proyecto en uso) y **Estadísticas** (*Statistics*), que da informaciones técnicas sobre los elementos que forman parte del componente seleccionado.

5. Haga clic en este botón para elegir el modo de ver los objetos, en la ventana descrita en **10**.

6. Haga clic en este botón para ver los componentes que están en la biblioteca de su archivo.

7. Haga clic para acceder a los componentes de sus carpetas favoritas y de archivos usados recientemente.

8. Cuadro de búsqueda de componentes en el sitio Galería 3D.

9. Muestra varias opciones de gestión de las bibliotecas.

10. Muestra los componentes que se están usando en el archivo activo.

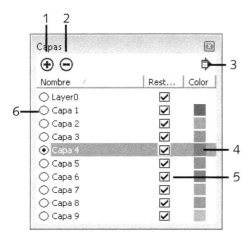

Capas (Layers)

1. **Añadir capa** (*Add*): Añade una capa al archivo activo.

2. **Eliminar capa** (*Delete*): Borra la capa seleccionada en la lista abajo.

3. **Detalles** (*Details*): Muestra otras opciones de gestión de capa:

a. **Seleccionar todo** (*Select All*): Selecciona todas las capas;
b. **Purgar** (*Purge*): Elimina las capas no usadas;
c. **Color por capa** (*Color by Layer*): Pinta los objetos de acuerdo con el color de la capa.

4. Haga dos clic sobre el cuadrado para definir el color de la capa.

5. Muestra u oculta objetos de determinada capa.

6. Elige la capa activa a través del clic en el selector.

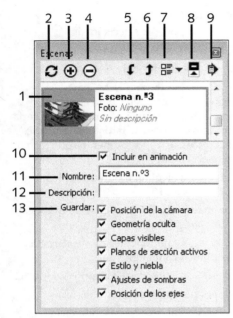

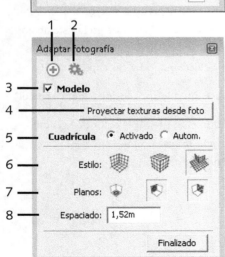

Escenas (Scenes)

1. Lista de las escenas grabadas hasta el momento. Haga clic en el nombre de una de ellas para hacerla activa.

2. **Actualizar escenas** (*Update*): Actualiza las escenas seleccionadas en la lista abajo a partir de la posición actual del observador.

3. **Añadir escenas** (*Add*): Añade una escena a la lista a partir de la posición actual del observador.

4. **Eliminar escenas** (*Delete*): Elimina la escena activa.

5. Cambia la escena una posición hacia arriba en el orden de las escenas.

6. Cambia la escena una posición hacia abajo.

7. Escoja como las escenas aparecen en el campo descrito en el ítem 1.

8. **Ocultar detalles** (*Hide Details*): Muestra las opciones del panel secundario de selección.

9. Muestra otras opciones de gestión de escenas.

10. Incluye la escena activa en la animación.

11. **Nombre** (*Name*): Renombra la escena activa.

12. **Descripción** (*Description*): Para colocar un comentario sobre la escena activa.

13. **Guardar** (*Properties to save*): Elige las propiedades del proyecto que se guardarán de la escena activa.

Niebla (Fog)

1. **Mostrar niebla** (*Display Fog*): Activa o desactiva el efecto de niebla.

2. **Distancia** (*Distance*): Regula la distancia a partir de donde la niebla empieza y a partir de donde ella alcanza el punto máximo.

3. **Color** (*Color*): Permite elegir el color de la niebla.

Adaptar fotografía (Match Photo)

1. Importa una imagen como foto adaptada.

2. Permite editar una foto adaptada existente.

3. **Modelo** (*Model*): Activa o desactiva la visibilidad del modelo.

4. **Proyectar texturas desde foto** (*Project textures from photo*): Proyecta la imagen en el modelo como si fuese textura.

5. **Cuadrícula** (*Grid*): Alterna entre **Activada** (*On*) (cuadrícula siempre activa) y **Automática** (*Auto*) (cuadrícula activa solamente cuando una foto adaptada se usa).

6. **Estilo** (*Style*): Alterna entre el tipo de cuadrícula que queda más de acuerdo con la perspectiva de su imagen.

7. **Planos** (*Planes*): Activa y desactiva la cuadrícula de cada plano.

8. **Espaciado** (*Spacing*): Regular a escala de la cuadrícula.

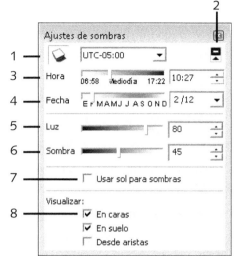

Ajustes de sombras (Shadow Settings)

1. Activa y desactiva todas las sombras del proyecto.

2. **Ocultar detalles** (*Hide Details*): Muestra u oculta las opciones **5**, **6**, **7** y **8**, comentadas a seguir.

3. **Hora** (*Time*): Elige la hora usada como referencia para la iluminación solar.

4. **Fecha** (*Date*): Escoge el día usado como referencia para la iluminación solar.

5. **Luz** (*Light*): Regula la cantidad de luz aplicada directamente en las caras de los objetos.

6. **Sombra** (*Dark*): Regula la intensidad de las sombras aplicadas en el proyecto.

7. **Usar sol para sombras** (*Use sun for shading*): Usa la posición del sol para calcular la luminosidad de las caras de los objetos, cuando el ítem **1** esté desactivado.

8. **Visualizar** (*Display*): Elige donde las sombras serán proyectadas: **En caras** (*On faces*) (en las caras de los objetos), **En suelo** (*On ground*) (en el suelo del proyecto), **Desde aristas** (*From edges*) (calcular las sombras de las aristas de los objetos).

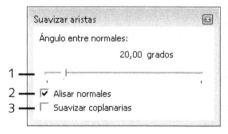

Suavizar aristas (Soften Edges)

Todas las acciones que involucran la ventana **Suavizar aristas** deben hacerse con alguna(s) línea(s) seleccionada(s).

1. **Ángulo entre normales** (*Angle between normals*): Desactiva las líneas que conectan superficies que tienen entre sí un ángulo menor que el estipulado en la barra.

2. **Alisar normales** (*Smooth normals*): Añade un efecto de luz y textura en las partes en donde las líneas fueron retiradas.

3. **Suavizar coplanarias** (*Soften coplanar*): Activa y desactiva líneas de polígonos complejos durante el ajuste **1**.

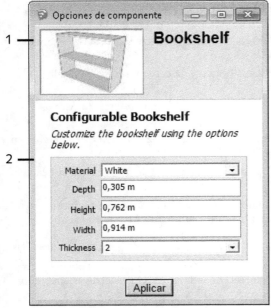

Opciones de componente (Component Options)

Esta ventana permite configurar un componente dinámico (*dynamic component*).

1. En esta área aparece una imagen del componente seleccionado; al lado, se muestra el nombre del componente.

2. En esta parte de la ventana, aparecen los campos que pueden ajustarse. La cantidad de campos y las modificaciones permitidas por ellos varían conforme el objeto seleccionado. Para insertar o retirar campos y/o modificar sus valores estándar, es necesario usar la ventana **Atributos del Componente** (*Component Attributes*) (no disponible en la versión gratuita del SketchUp).

Atributos de componente (Component Attributes)

Esta ventana permite que añada, retire o edite parámetros de un componente dinámico. También puede usar esta ventana para crear parámetros en un componente normal, transformándolo en un componente dinámico.

1. **Infomación**: En esta área de la ventana incluye, edita y retira diversos parámetros (llamados de *attributes*) del componente dinámico.

2. **Funciones**: En esta pestaña, elige la función que estará activada a determinado parámetro y también puede definir cómo esta función será presentada al usuario.

10.5 Menú Información del modelo (Model Info)

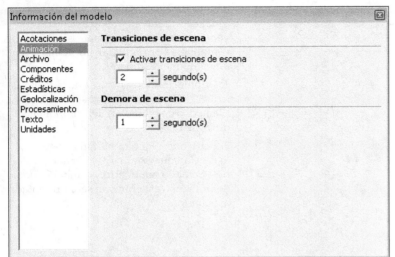

Animación (Animation)

Transiciones de escena (*Scene Transitions*): Habilita las transiciones entre escenas y regula la duración de la transición entre ellas.

Demora de escena (*Scene Delay*): Ajusta el tiempo en el que el SketchUp muestra una escena, durante la ejecución de una animación.

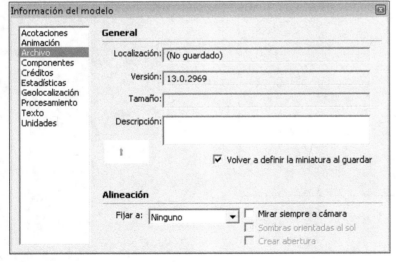

Archivo (File)

General (*General*): Muestra los datos generales del archivo utilizado en el momento.

Alineación (*Alignment*): Ajusta la alineación de entrada de un componente o de un modelo importado para el archivo actual (**Fijar a**); define si el componente puede cortar caras (puertas en paredes, por ejemplo, opción **Crear abertura**) o si siempre quedará de frente a la cámara activa (**Mirar siempre a cámara**).

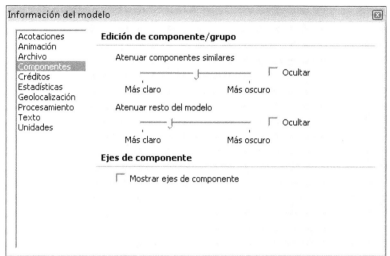

Componentes (Components)

Edición de componente/grupo (*Component/Group Editing*): Ajusta la manera (más claro o más oscuro) como el SketchUp muestra componentes parecidos **Atenuar componentes similares** (*Fade similar components*) y/o el resto del modelo **Atenuar resto del modelo** (*Fade rest of model*).

Ejes de componente (*Component Axes*): Muestra los ejes de creación de los componentes en el momento de editarlos.

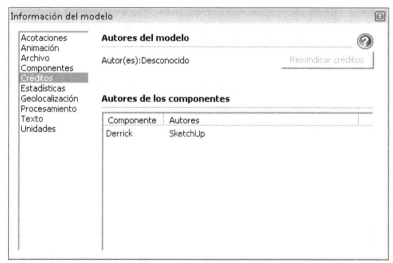

Créditos (Credits)

Autores del modelo (*Model Authors*): Haga clic en **Revindicar créditos** (*Claim Credit*) para asociar el nombre de su cuenta del Google al modelo que está usando en el momento.

Autores de los componentes (*Component Authors*): Muestra los autores de cada componente que está en el modelo.

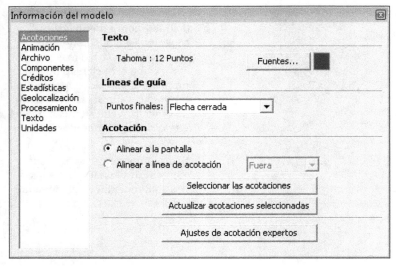

Acotaciones (Dimensions)

Texto (*Text*): Regula las características de los textos utilizados en las acotaciones.

Líneas de guía (*Leader Lines*): Ajusta el estilo de los puntos finales de las líneas de anotación.

Acotación (*Dimension*): Regula la manera como las acotaciones aparecerán en relación con la posición del observador.

Ajustes de acotación expertos (*Expert dimension settings*): Abre una nueva ventana con más ajustes para acotaciones.

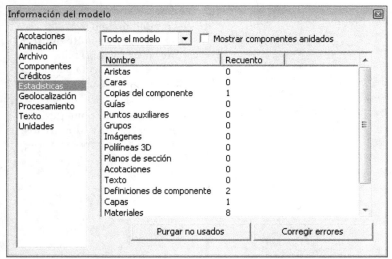

Estadísticas (Statistics)

Esta opción muestra los datos técnicos de todos los objetos del modelo, o por componente, y también realiza correcciones en los objetos (opciones **Purgar no usados** (*Purge Unused*) y **Corregir errores** (*Fix Problems*)).

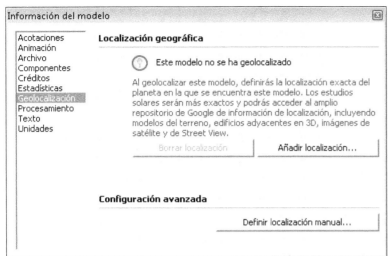

Geolocalización (Geo-Location)

Borrar localización (*Clear Location*): Haga clic para borrar la referéncia de localización de sus archivos.

Añadir localización... (*Add Location...*): Permite la elección de la localización del proyecto.

Definir localización manual... (*Set Manual Location...*): Regula la posición del sol en el proyecto.

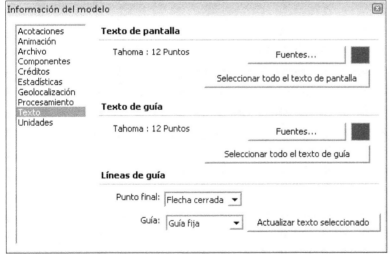

Texto (Text)

Texto de pantalla (*Screen Text*): Permite definir el tipo de texto usado suelto (fuente, tamaño, color, etc.).

Texto de guía (*Leader Text*): Para escoger el tipo de texto usado como anotación de un objeto del SketchUp (fuente, tamaño, color, etc.).

Líneas de guía (*Leader Lines*): Ajusta las características de la herramienta **Texto** (*Text*), desde el estilo de la punta de la flecha (**punto final**) hasta el estilo del marcador (**Línea guía**).

Actualizar texto seleccionado (*Update selected text*): Usa las informaciones de esta ventana para actualizar y modificar todo el texto seleccionado anteriormente.

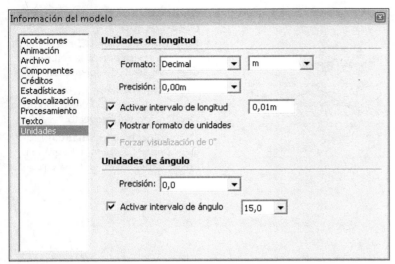

Unidades (Units)

Unidades de longitud (*Length Units*): Configura las unidades del proyecto, la cantidad de casillas decimales, la precisión del dibujo por snap y la muestra de la unidad de medida en los campos de datos del programa.

Unidades de ángulo (*Angle Units*): Establece la precisión de las dimensiones angulares y el valor del ángulo de *snap*.

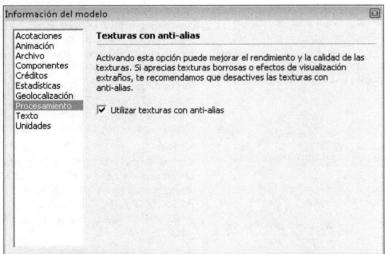

Procesamiento (Rendering)

Texturas con anti-alias (*Use Anti-Aliased Textures*): Haga clic para mejorar la aparéncia de las texturas aplicadas en su proyecto. Desactive esa opción en caso de texturas con problemas de exibición.

10.6 Menú Preferencias (Preferences)

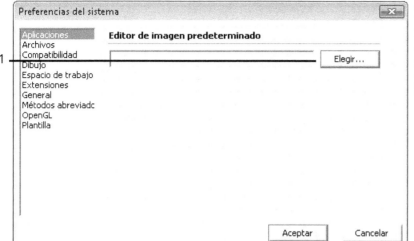

Aplicaciones (Applications)

1. Haga clic en el botón **Elegir...** (*Choose...*) para elegir el programa editor de imágenes que será usado para tratar las texturas del SketchUp.

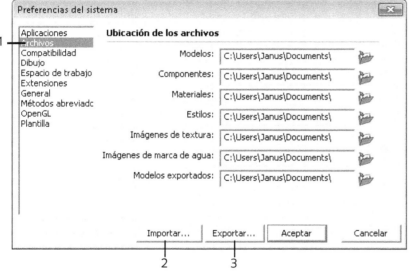

Archivos (Files)

1. En estos campos están anotadas las localizaciones de las carpetas que guardan los diversos tipos de archivos necesarios para el funcionamiento del SketchUp. Haga clic en el ícono de carpeta al lado del tipo de archivo para cambiar la localización de la carpeta correspondiente.

2. **Importar...** (*Import...*): Importa definiciones de localización de archivos previamente guardadas.

3. **Exportar...** (*Export...*): Exporta definiciones de localización de archivos para que puedan usarse por otro archivo de SketchUp.

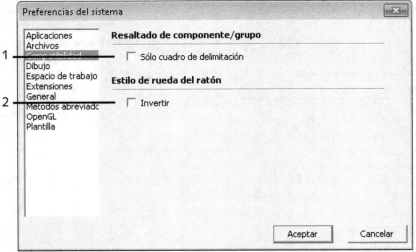

Compatibilidad (Compatibility)

1. La opción **Sólo cuadro de delimitación** (*Bounding box only*) conecta el cuadro que limita el componente seleccionado, o entonces todas los cuadros de los componentes que están "arriba" del seleccionado también.

2. Opción para **Invertir** (*Invert*) el sentido del zoom hecho cuando se rueda la rueda central del ratón.

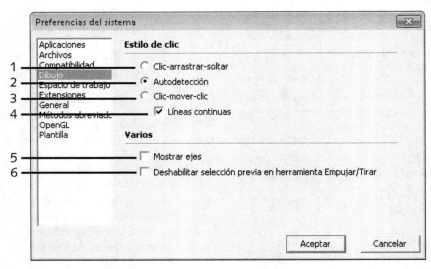

Dibujo (Drawing)

1. **Clic-arrastrar-soltar** (*Click-drag-release*): De esta manera, una línea pasa a ser dibujada por hacer clic y arrastrar el ratón con el botón presionado. El SketchUp confirma la línea cuando se suelta el botón

2. **Autodetección** (*Auto detect*): Hace que el SketchUp determine la mejor manera de hacer clic, por **clic-arrastrar-soltar** o **clic-mover-clic**.

3. **Clic-mover-clic** (*Click-move-click*): De esta manera, el SketchUp dibuja una línea con un clic, soltar el botón del ratón y otro clic para confirmar.

4. **Líneas continuas** (*Continue line drawing*): Hace que, en la herramienta **Línea** (Line), el SketchUp continue una próxima línea después de la primera dibujada.

5. **Mostrar ejes** (*Display crosshairs*): Muestra, a partir de la posición del cursor en la pantalla, líneas que representan los tres ejes que orientan el dibujo.

6. **Deshabilitar selección previa en herramienta Empujar/Tirar** (*Disable pre-pick on Push/Pull Tool*): Activar y desactivar la capacidad de utilizar la herramienta **Empujar/Tirar** (*Push/Pull*) con una cara preseleccionada, al hacer clic en cualquier área de la pantalla.

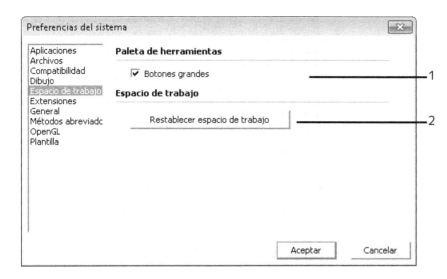

Espacio de trabajo (Workspace)

1. **Botones grandes** (*Use large tool buttons*): Haga clic para agrandar el tamaño de los botones en las barras.

2. **Restablecer espacio de trabajo** (*Reset Workspace*): Haga clic en este botón para que la posición de las herramientas y menus del SketchUp vuelvan a la posición en que estaban en el momento de la instalación del programa.

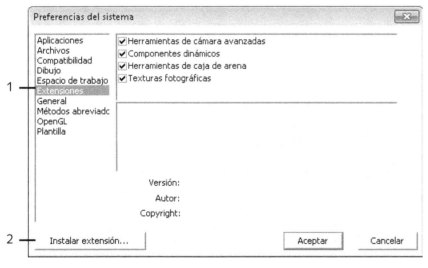

Extensiones (Extensions)

1. Las varias opciones que aparecen en esta ventana se refieren a la herramientas hechas por programación en **Ruby** o hechas por el equipo del SketchUp, y que no están presentes en el programa original. Podemos activar y desactivar cada una de ellas haciendo clic en sus cuadros correspondientes.

2. Haga clic en **Instalar extensión**... (*Install extension*) para instalar una extensión (archivo .rbz) que no esta incluido en la Galería de Extensiones.

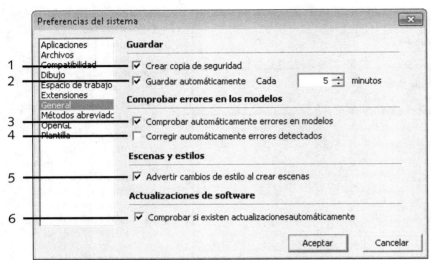

General

1. Haga clic al lado de **Crear copia de seguridad** (*Create backup*) para que el programa haga automáticamente una copia de seguridad de su archivo de trabajo.

2. Activa el **Guardar automáticamente** (*Auto-save*), que salva automáticamente su archivo de trabajo.

3. Si estes ítens están activos, el SketchUp busca automáticamente errores durante el uso del programa. Es bueno estar siempre activo.

4. Si este ítem está activo, el SketchUp corregirá automáticamente todos los problemas que encuentre. Si no está, siempre que haya un problema, el SketchUp interrumpirá su trabajo para mostrarle el error y preguntará qué hacer (corregir ahora, corregir más tarde, no corregir).

5. Con este ítem activo, el SketchUp avisará siempre que haya cambiado de estilo, antes de grabar una escena.

6. Con este ítem activo, el SketchUp avisará siempre que haya una actualizaciòn de software.

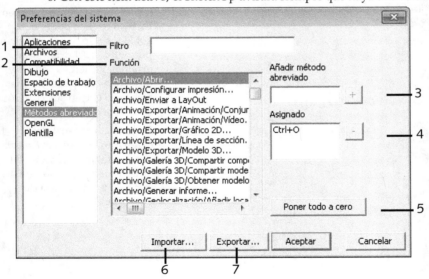

Métodos abreviados (Shortcuts)

1. **Filtro** (*Filter*): Filtra el menú abajo para mejorar la búsqueda del método deseado.

2. **Función** (*Function*): Menú que lista todos los métodos abreviados del SketchUp que pueden recibir comandos de teclado.

3. **Añadir método abreviado** (*Add Shortcut*): Añade un método de teclado al ítem del menú seleccionado en **2**.

4. **Asignado** (*Assigned*): Muestra lo(s) método(s) de teclado usado(s) para el comando de menú seleccionado en **2**.

5. **Poner todo a cero** (*Reset All*): Elimina todos los métodos abreviados de teclado del registro.

6. **Importar...** (*Import...*): Importa métodos abreviados de teclado ya configurados.

7. **Exportar...** (*Export...*): Exporta los métodos abreviados de teclado actuales a un archivo, que puede ser importado en otro momento.

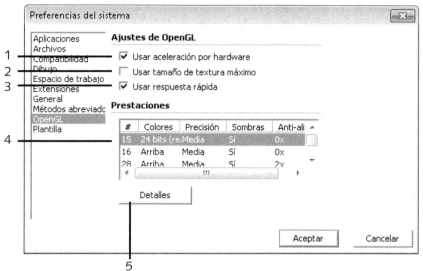

OpenGL

1. Activa la aceleración de hardware de la tarjeta de vídeo, para aumentar la velocidad de presentación (render). Funciona bien sólo con tarjetas 100% OpenGL. Si tiene problemas con la presentación del vídeo, desactive esta opción.

2. Si activa este cuadro, el SketchUp aumentará lla calidad de la presentación de las texturas, pero la velocidad de uso del programa puede perjudicarse. Sólo active este cuadro si su computadora tiene una tarjeta de vídeo muy buena.

3. Esta opción aumenta aún más la velocidad de presentación del proyecto en la pantalla y se rellena automáticamente por el SketchUp si su computadora puede utilizarla. Si acciona este cuadro manualmente podrá observar problemas en su vídeo.

4. Tabla que muestra las configuraciones de vídeo sugeridas para su equipamiento. Puede activar la última opción de la tabla, que siempre es la más indicada.

5. **Detalles** (*Details*): Muestra los detalles técnicos del ítem elegido en **4**.

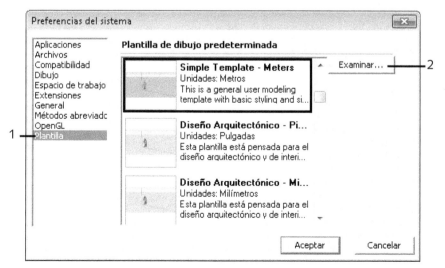

Plantilla (Templates)

1. En esta lista están archivos que pueden ser usados como modelos de dibujo. El archivo seleccionado es el usado como referencia para empezar nuevos proyectos en el SketchUp.

2. **Examinar...** (*Browse...*): Haga clic en este botón para incluir un archivo de SketchUp en la lista de modelos de dibujo.

índice

E

Edges – ver **Aristas**

Eje, Ejes (*Axes*) – 26, 43, 51, 57&58, 60&61, 63, 67, 83, 103, 108, 145, 213, 224, 226, 228, 230, 232&233, 245, 250

Eliminar (*Purge*) – 21, 67 ,134, 198, 223&224, 226, 230, 238&239, 252

Empujar/Tirar (*Push/Pull*) – 37, 40, 56, 65, 67, 71, 102, 104, 107&108, 117, 219, 226, 228, 230, 232, 250

En el modelo (*In Model*) – 89, 93, 97, 105, 113, 119, 138&139, 153, 236, 238, 245

Entity Info – ver **Información de la entidad**

Equidistancia (*Offset*) – 47, 69, 71, 226, 228, 230, 232

Escala, Escalar (*Scale*) – 45, 46, 69, 102, 125, 129, 136, 140, 144, 149-152, 158, 183, 192, 226, 228, 230, 232, 240

Escena (*Scene*) – 83, 104, 144-147, 150, 155-157, 183, 185, 224, 226&227, 240, 244, 252

Esquema (*Outliner*) – 109, 131, 136, 141, 227

Estilo, Estilos (*Style, Styles*) – 16, 56, 76-78, 80-82, 84&85, 105&106, 180, 183-186, 190, 224, 227, 240, 244, 246, 252

Extension Warehouse – ver **Almacén de Extensiones**

Explode – ver **Explotar**

Explotar – 111, 135, 147, 215

Exportar (*Export*) – 148&149, 155, 157, 162, 171&172, 207&210, 212-218, 222, 234, 249, 252

F

Fit to page – ver **Ajustar a página**

Follow Me – ver **Sígueme**

Fog – ver **Niebla**

Freehand – ver **Dibujo a mano alzada**

G

Galería 3D (*3D Warehouse*) – 22, 114, 123, 135, 194, 199&200, 202-204, 207, 222, 228, 234, 239

Galería de Extensiones (*Extension Warehouse*) – 27 e 28, 33, 51 e 52, 66, 162, 173, 202, 205, 207, 209

Geolocalización (*Geo-Location*) –

Get Models - ver **Obtener modelos**

Girar (*Look Around*) – 25, 173, 202, 207, 210

Google – 195, 197, 202, 204&205, 209, 217-218, 227, 234, 245

Google Earth – 16, 25, 208-211, 217&218, 222

Grupo, Grupos (*Groups*) – 25, 32, 49, 56, 63, 67, 75, 109-112, 118, 131, 135-137, 223, 226&227, 245

Guarda, Guardar (*Save*) – 10, 15-17, 20-21, 74, 82, 88-89, 106-108, 118, 128-129, 133, 136, 160-161, 172-173, 183, 186, 199, 206, 216, 228

Guardar como plantilla (*Save as Template*) – 20, 161, 173, 199

Guías (*Guides*) – 57, 59-60, 66, 68, 71, 83, 223&224, 228, 230, 232, 246&247

¿Libro de papel o ebook?
¿Español, Inglés o Portugués?
No se preocupe, usted siempre obtendrá el mejor libro SketchUp!

www.librosketchup.com   www.thesketchupbook.com   www.livrosketchup.com.br